Ivan Kouchnir

Économie des Maldives

Série "Economie dans les pays"

première publication: 2020
dernière mise à jour: 2021-01-21

Ivan Kouchnir. Économie des Maldives. Série "Economie dans les pays". - 2020. - 71 pages.

Ce livre sur l'économie des Maldives des années 1970 aux années 2010. Données source provenant de UN Data.

Taille. Dans les années 2010, le produit intérieur brut des Maldives s'élevait à 3,9 milliards de dollars par an; la valeur de l'agriculture était de 212,4 millions de dollars; la valeur de l'industrie était de 151,3 millions de dollars. Comme la part dans le monde était inférieure à 0,01%, le pays est classé en tant que micro-économie.

Productivité. Dans les années 2010, le produit intérieur brut par habitant était de 8 825,0 dollars; l'agriculture par habitant était de 475,4 dollars; l'industrie par habitant était de 338,7 dollars. Étant donné que la productivité est comprise entre la moyenne inférieure à la moyenne et la moyenne, l'économie est classée comme en développement.

Croissance. Dans les années 2010, la croissance du produit intérieur brut était de 6,4%; la croissance de l'agriculture était de 2,1%; la croissance de l'industrie était de 7,8%.

Structure. Dans les années 2010, l'économie des Maldives était composée des secteurs suivants: services (27,8%), commerce (26,4%), agriculture (22,1%), transport (15,4%), industrie (4,8%), construction (3,5%).

Exportation et importation. Dans les années 2010, les exportations étaient supérieures de 2,3% aux importations, les exportations nettes représentant 1,7% du PIB. La structure technologique des exportations n'est pas meilleure que la structure des importations.

Consommation et reproduction. L'attitude de la reproduction à l'égard de la consommation est meilleure que la moyenne mondiale, de sorte que la part du PIB dans le monde augmentera.

Série "Economie dans les pays": parallel.page.link/fr

© Ivan Kouchnir, 2020

Tous les droits sont réservés.

ISBN: 9798614146030

Contenu

Partie I. Taille   4
    Chapitre I. Produit intérieur brut   5
    Chapitre II. Valeur ajoutée   9
    Chapitre III. Revenu national brut   13

Partie II. Structure   17
    Chapitre IV. Agriculture   18
    Chapitre V. Industrie   22
       Chapitre 5.1. Fabrication   26
    Chapitre VI. Construction   30
    Chapitre VII. Transport   34
    Chapitre VIII. Commerce   38
    Chapitre IX. Services   42

Partie III. Relations extérieures   46
    Chapitre X. Exportations   47
    Chapitre XI. Importations   51

Partie IV. Consommation   55
    Chapitre XII. Dépenses publiques   56
    Chapitre XIII. Dépenses ménagères   60
    Chapitre XIV. Consommation de nourriture   64

Partie V. Reproduction   67
    Chapitre XV. Formation de capital fixe   68

Partie I. Taille

	Les années 2010
PIB	3,9 milliards de dollars
Partager dans le monde	0,0031%
Partager en Asie	0,014%
Partager en Asie du Sud	0,13%

Chapitre I. Produit intérieur brut

Le PIB des Maldives est passé de 58,5 millions de dollars par an dans les années 1970 à 3,9 milliards de dollars par an dans les années 2010, c'est-à-dire 3,9 milliards de dollars ou de 67,4 fois. La variation a été de 2,8 milliards de dollars en raison de l'augmentation de 3,6 fois des prix, et de 900,9 millions de dollars en raison de la croissance de productivité de 5,6 fois, et de 136,2 millions de dollars en raison de la croissance démographique. La croissance annuelle moyenne du produit intérieur brut était de 7,1%. La valeur minimale était de 42,4 millions de dollars en 1970. La valeur maximale était de 5,6 milliards de dollars en 2019.

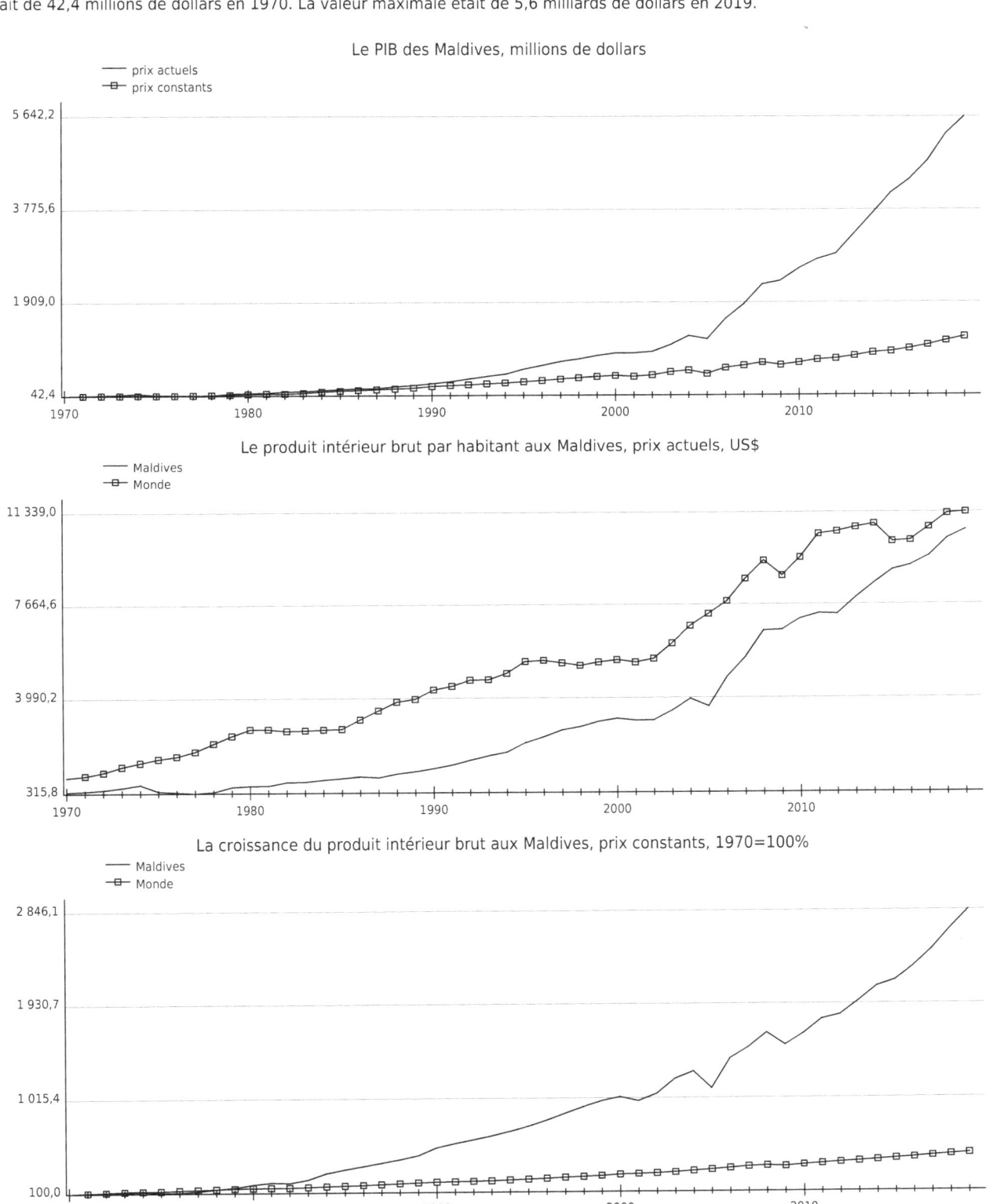

Les années 1970

Le produit intérieur brut des Maldives était de 58,5 millions de dollars par an dans les années 1970, se classant au 167ème rang mondial. La part dans le monde était de 0,0009% et de 0,0048% en Asie.

Le PIB des Maldives était constitué des dépenses ménagères (50,5%), de la formation de capital (15,9%) et des dépenses publiques (12,0%).

Le produit intérieur brut par habitant aux Maldives était de 435.8 dollars dans les années 1970, se situant au 134ème rang mondial, à égalité avec la république du Congo (438,4 de dollars), les Tonga (430,2 de dollars). Le produit intérieur brut par habitant aux Maldives était 3,7 fois inférieur le produit intérieur brut par habitant au Monde (1 620,8 US$), et 17,0% inférieur le PIB par habitant en Asie (525,2 US$).

La croissance du PIB aux Maldives était de 4.7% dans les années 1970, se situant au 82ème rang mondial, à égalité avec le Viêt Nam (4,7%), Trinité-et-Tobago (4,7%), la Norvège (4,7%). La croissance du PIB aux Maldives (4,7%) a été supérieure à celle du monde (4,1%), et inférieure à celle de l'Asie (5,5%).

Comparaison avec les voisins. Le PIB des Maldives était inférieur à celui de l'Inde (100,0 milliards de dollars) et du Sri Lanka (3,8 milliards de dollars). Le PIB par habitant aux Maldives était supérieur à celui du Sri Lanka (277,4 de dollars) et de l'Inde (162,0 de dollars). La croissance du PIB aux Maldives était supérieure à celle du Sri Lanka (4,1%) et de l'Inde (2,6%).

Comparaison avec les leaders. Le PIB des Maldives était inférieur à celui des États-Unis (1,7 billions de dollars), de l'URSS (649,4 milliards de dollars), du Japon (558,0 milliards de dollars), de l'Allemagne (484,2 milliards de dollars) et de la France (333,2 milliards de dollars). Le produit intérieur brut par habitant aux Maldives était inférieur à celui des États-Unis (7 838,7 de dollars), de la France (6 214,9 de dollars), de l'Allemagne (6 148,9 de dollars), du Japon (5 011,3 de dollars) et de l'URSS (2 574,9 de dollars). La croissance du PIB aux Maldives était supérieure à celle du Japon (4,6%), de la France (3,9%), des États-Unis (3,5%) et de l'Allemagne (3,1%); mais inférieure à celle de l'URSS (4,8%).

Les années 1980

Le PIB des Maldives était de 160,1 millions de dollars par an dans les années 1980, se situant au 164ème rang mondial. La part dans le monde était de 0,0011% et de 0,0046% en Asie.

Le PIB des Maldives était constitué des dépenses ménagères (48,6%), de la formation de capital (19,6%) et des dépenses publiques (13,5%).

Le produit intérieur brut par habitant aux Maldives était de 857.7 dollars dans les années 1980, se situant au 127ème rang mondial, à égalité avec les Comores (859,4 de dollars), l'Angola (868,9 de dollars). Le PIB par habitant aux Maldives était 3,6 fois inférieur le PIB par habitant au Monde (3 123,4 US$), et 29,8% inférieur le PIB par habitant en Asie (1 222,0 US$).

La croissance du produit intérieur brut aux Maldives était de 11.7% dans les années 1980, se situant au 2ème rang mondial. La croissance du PIB aux Maldives (11,7%) a été supérieure à celle du monde (3,0%), et supérieure à celle de l'Asie (4,6%).

Comparaison avec les voisins. Le PIB des Maldives était inférieur à celui de l'Inde (241,0 milliards de dollars) et du Sri Lanka (6,7 milliards de dollars). Le PIB par habitant aux Maldives était supérieur à celui du Sri Lanka (413,9 de dollars) et de l'Inde (310,5 de dollars). La croissance du PIB aux Maldives était supérieure à celle de l'Inde (5,7%) et du Sri Lanka (4,2%).

Comparaison avec les leaders. Le produit intérieur brut des Maldives était inférieur à celui des États-Unis (4,2 billions de dollars), du Japon (1,8 billions de dollars), de l'Allemagne (990,0 milliards de dollars), de l'URSS (887,0 milliards de dollars) et de la France (729,5 milliards de dollars). Le PIB par habitant aux Maldives était inférieur à celui des États-Unis (17 427,1 de dollars), du Japon (14 970,9 de dollars), de la France (12 907,5 de dollars), de l'Allemagne (12 688,8 de dollars) et de l'URSS (3 222,9 de dollars). La croissance du produit intérieur brut aux Maldives était supérieure à celle de l'URSS (4,3%), du Japon (4,3%), des États-Unis (3,1%), de la France (2,3%) et de l'Allemagne (1,9%).

Les années 1990

Le PIB des Maldives était de 538,7 millions de dollars par an dans les années 1990, au 181ème rang mondial. La part dans le monde était de 0,0019% et de 0,0069% en Asie.

Le PIB des Maldives était constitué des dépenses ménagères (47,5%), de la formation de capital (21,3%) et des dépenses publiques

Chapitre I. Produit intérieur brut

(14,5%).

Le produit intérieur brut par habitant aux Maldives était de 2155.3 dollars dans les années 1990, se classant au 101ème rang mondial, à égalité avec le Suriname (2 167,7 de dollars). Le produit intérieur brut par habitant aux Maldives était 2,3 fois inférieur le produit intérieur brut par habitant au Monde (5 020,1 US$), et 3,9% inférieur le produit intérieur brut par habitant en Asie (2 243,8 US$).

La croissance du produit intérieur brut aux Maldives était de 8% dans les années 1990, se situant au 10ème rang mondial. La croissance du PIB aux Maldives (8,0%) a été supérieure à celle du monde (2,8%), et supérieure à celle de l'Asie (4,7%).

Comparaison avec les voisins. Le produit intérieur brut des Maldives était inférieur à celui de l'Inde (361,1 milliards de dollars) et du Sri Lanka (14,4 milliards de dollars). Le PIB par habitant aux Maldives était supérieur à celui du Sri Lanka (796,7 de dollars) et de l'Inde (378,0 de dollars). La croissance du PIB aux Maldives était supérieure à celle de l'Inde (5,7%) et du Sri Lanka (5,3%).

Comparaison avec les leaders. Le PIB des Maldives était inférieur à celui des États-Unis (7,6 billions de dollars), du Japon (4,3 billions de dollars), de l'Allemagne (2,2 billions de dollars), de la France (1,4 billions de dollars) et du Royaume-Uni (1,3 billions de dollars). Le PIB par habitant aux Maldives était inférieur à celui du Japon (34 325,0 de dollars), des États-Unis (28 654,0 de dollars), de l'Allemagne (27 003,8 de dollars), de la France (24 100,9 de dollars) et du Royaume-Uni (22 920,4 de dollars). La croissance du PIB aux Maldives était supérieure à celle des États-Unis (3,2%), du Royaume-Uni (2,3%), de l'Allemagne (2,2%), de la France (2,0%) et du Japon (1,5%).

Les années 2000

Le PIB des Maldives était de 1,4 milliards de dollars par an dans les années 2000, se classant au 174ème rang mondial à égalité avec la République centrafricaine (1,4 milliards de dollars). La part dans le monde était de 0,0030% et de 0,011% en Asie.

Le produit intérieur brut des Maldives était constitué des dépenses ménagères (38,3%), de la formation de capital (27,8%) et des dépenses publiques (20,6%).

Le produit intérieur brut par habitant aux Maldives était de 4500.6 dollars dans les années 2000, au 95ème rang mondial, à égalité avec le Suriname (4 438,0 de dollars), l'Afrique du Sud (4 602,8 de dollars). Le PIB par habitant aux Maldives était 37,3% inférieur le PIB par habitant au Monde (7 176,3 US$), et 41,5% supérieur le produit intérieur brut par habitant en Asie (3 180,5 US$).

La croissance du produit intérieur brut aux Maldives était de 4.5% dans les années 2000, au 79ème rang mondial, à égalité avec le Monténégro (4,4%), Maurice (4,4%), les Philippines (4,4%). La croissance du PIB aux Maldives (4,5%) a été supérieure à celle du monde (3,0%), et inférieure à celle de l'Asie (5,2%).

Comparaison avec les voisins. Le PIB des Maldives était inférieur à celui de l'Inde (831,2 milliards de dollars) et du Sri Lanka (29,4 milliards de dollars). Le PIB par habitant aux Maldives était supérieur à celui du Sri Lanka (1 513,1 de dollars) et de l'Inde (730,3 de dollars). La croissance du PIB aux Maldives était inférieure à celle de l'Inde (6,3%) et du Sri Lanka (5,0%).

Comparaison avec les leaders. Le produit intérieur brut des Maldives était inférieur à celui des États-Unis (12,6 billions de dollars), du Japon (4,7 billions de dollars), de l'Allemagne (2,8 billions de dollars), de la Chine (2,6 billions de dollars) et du Royaume-Uni (2,3 billions de dollars). Le PIB par habitant aux Maldives était supérieur à celui de la Chine (1 954,1 de dollars); mais inférieur à celui des États-Unis (42 841,2 de dollars), du Royaume-Uni (38 399,3 de dollars), du Japon (36 386,2 de dollars) et de l'Allemagne (33 966,8 de dollars). La croissance du produit intérieur brut aux Maldives était supérieure à celle des États-Unis (1,9%), du Royaume-Uni (1,7%), de l'Allemagne (0,73%) et du Japon (0,50%); mais inférieure à celle de la Chine (10,3%).

Les années 2010

Le produit intérieur brut des Maldives était de 3,9 milliards de dollars par an dans les années 2010, au 167ème rang mondial à égalité avec Sierra Leone (3,9 milliards de dollars). La part dans le monde était de 0,0051% et de 0,014% en Asie.

Le PIB des Maldives était constitué des dépenses ménagères (42,0%), de la formation de capital (38,0%) et des dépenses publiques (16,9%).

Le produit intérieur brut par habitant aux Maldives était de 8825 dollars dans les années 2010, se classant au 90ème rang mondial, à égalité avec la Grenade (8 855,8 de dollars). Le produit intérieur brut par habitant aux Maldives était 16,8% inférieur le PIB par habitant au Monde (10 603,1 US$), et 42,2% supérieur le produit intérieur brut par habitant en Asie (6 207,1 US$).

La croissance du produit intérieur brut aux Maldives était de 6.4% dans les années 2010, se classant au 20ème rang mondial. La croissance du PIB aux Maldives (6,4%) a été supérieure à celle du monde (3,1%), et supérieure à celle de l'Asie (5,2%).

Comparaison avec les voisins. Le produit intérieur brut des Maldives était 560,3 fois inférieur à celui de l'Inde (2,2 billions de dollars) et 19,5 fois inférieur à celui du Sri Lanka (76,7 milliards de dollars). Le PIB par habitant aux Maldives était 2,4 fois supérieur à celui du Sri Lanka (3 682,8 de dollars) et 5,2 fois supérieur à celui de l'Inde (1 696,8 de dollars). La croissance du PIB aux Maldives était supérieure à celle du Sri Lanka (5,2%); mais inférieure à celle de l'Inde (6,7%).

Comparaison avec les leaders. Le PIB des Maldives était 4 555,7 fois inférieur à celui des États-Unis (18,0 billions de dollars), 2 664,7 fois inférieur à celui de la Chine (10,5 billions de dollars), 1 326,1 fois inférieur à celui du Japon (5,2 billions de dollars), 928,7 fois inférieur à celui de l'Allemagne (3,7 billions de dollars) et 701,7 fois inférieur à celui du Royaume-Uni (2,8 billions de dollars). Le produit intérieur brut par habitant aux Maldives était 17,8% supérieur à celui de la Chine (7 491,3 de dollars); mais 6,4 fois inférieur à celui des États-Unis (56 220,1 de dollars), 5,1 fois inférieur à celui de l'Allemagne (44 732,1 de dollars), 4,8 fois inférieur à celui du Royaume-Uni (42 176,3 de dollars) et 4,6 fois inférieur à celui du Japon (40 869,8 de dollars). La croissance du produit intérieur brut aux Maldives était supérieure à celle des États-Unis (2,3%), de l'Allemagne (1,9%), du Royaume-Uni (1,8%) et du Japon (1,3%); mais inférieure à celle de la Chine (7,7%).

Chapitre II. Valeur ajoutée

La valeur ajoutée des Maldives est passé de 47,7 millions de dollars par an dans les années 1970 à 3,5 milliards de dollars par an dans les années 2010, c'est-à-dire 3,4 milliards de dollars ou de 72,9 fois. La variation a été de 2,6 milliards de dollars en raison de l'augmentation de 3,9 fois des prix, et de 731,0 millions de dollars en raison de la croissance de productivité de 5,6 fois, et de 111,1 millions de dollars en raison de la croissance démographique. La croissance annuelle moyenne de la valeur ajoutée était de 7,1%. La valeur minimale était de 34,3 millions de dollars en 1970. La valeur maximale était de 4,9 milliards de dollars en 2019.

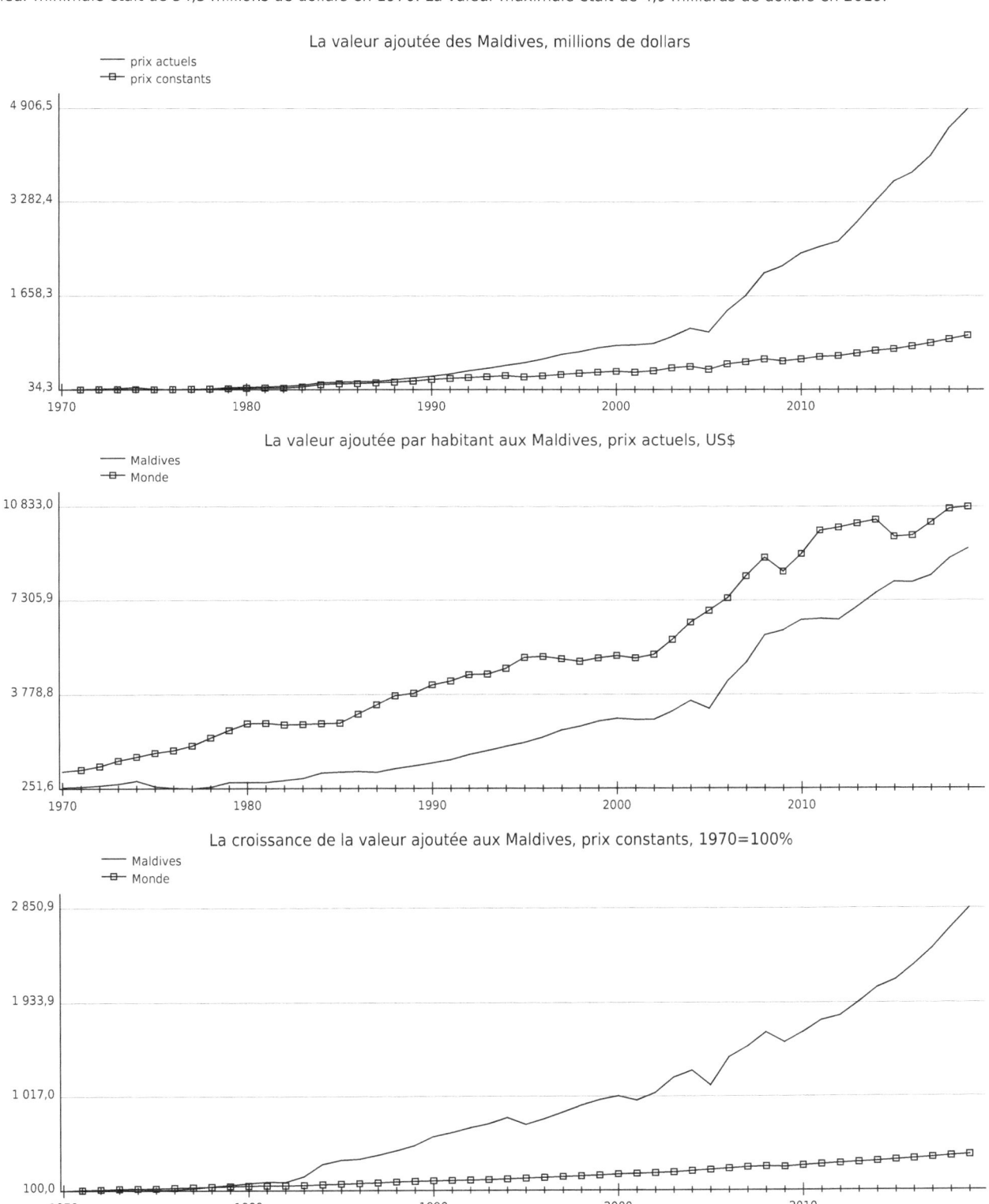

Les années 1970

La valeur ajoutée des Maldives était de 47,7 millions de dollars par an dans les années 1970, se situant au 168ème rang mondial à égalité avec Sao Tomé-et-Principe (48,7 millions de dollars). La part dans le monde était de 0,0008% et de 0,0040% en Asie.

La valeur ajoutée totale des Maldives était constituée de: services (27,8%), commerce (26,4%), agriculture (22,1%), transport (15,4%), industrie (4,8%), construction (3,5%).

La valeur ajoutée par habitant aux Maldives était de 355.3 dollars dans les années 1970, se classant au 145ème rang mondial, à égalité avec le Cap-Vert (358,9 de dollars), Saint-Vincent-et-les-Grenadines (362,8 de dollars), le Kenya (363,6 de dollars). La valeur ajoutée par habitant aux Maldives était 4,4 fois inférieure la valeur ajoutée par habitant au Monde (1 564,4 US$), et 30,1% inférieure la valeur ajoutée par habitant en Asie (508,3 US$).

La croissance de la valeur ajoutée aux Maldives était de 4.8% dans les années 1970, se situant au 77ème rang mondial, à égalité avec les Fidji (4,8%). La croissance de la valeur ajoutée aux Maldives (4,8%) a été supérieure à celle du monde (3,9%), et inférieure à celle de l'Asie (5,5%).

Comparaison avec les voisins. La valeur ajoutée des Maldives était inférieure à celle de l'Inde (90,5 milliards de dollars) et du Sri Lanka (2,8 milliards de dollars). La valeur ajoutée par habitant aux Maldives était supérieure à celle du Sri Lanka (207,4 de dollars) et de l'Inde (146,6 de dollars). La croissance de la valeur ajoutée aux Maldives était supérieure à celle du Sri Lanka (4,2%) et de l'Inde (2,4%).

Comparaison avec les leaders. La valeur ajoutée des Maldives était inférieure à celle des États-Unis (1,7 billions de dollars), de l'URSS (649,4 milliards de dollars), du Japon (545,3 milliards de dollars), de l'Allemagne (444,9 milliards de dollars) et de la France (297,3 milliards de dollars). La valeur ajoutée par habitant aux Maldives était inférieure à celle des États-Unis (7 767,9 de dollars), de l'Allemagne (5 650,3 de dollars), de la France (5 544,4 de dollars), du Japon (4 897,5 de dollars) et de l'URSS (2 574,9 de dollars). La croissance de la valeur ajoutée aux Maldives était supérieure à celle de l'URSS (4,8%), de la France (3,7%), de l'Allemagne (3,1%) et des États-Unis (2,9%); mais inférieure à celle du Japon (4,9%).

Les années 1980

La valeur ajoutée des Maldives était de 147,0 millions de dollars par an dans les années 1980, au 164ème rang mondial. La part dans le monde était de 0,0010% et de 0,0043% en Asie.

La valeur ajoutée totale des Maldives était constituée de: services (42,5%), commerce (31,5%), agriculture (11,8%), transport (6,3%), industrie (5,6%), construction (3,6%).

La valeur ajoutée par habitant aux Maldives était de 787.7 dollars dans les années 1980, se classant au 128ème rang mondial, à égalité avec le Salvador (782,5 de dollars), le Maroc (780,8 de dollars). La valeur ajoutée par habitant aux Maldives était 3,8 fois inférieure la valeur ajoutée par habitant au Monde (3 029,9 US$), et 33,9% inférieure la valeur ajoutée par habitant en Asie (1 191,9 US$).

La croissance de la valeur ajoutée aux Maldives était de 13.3% dans les années 1980, se situant au 1er rang mondial. La croissance de la valeur ajoutée aux Maldives (13,3%) a été supérieure à celle du monde (2,9%), et supérieure à celle de l'Asie (4,3%).

Comparaison avec les voisins. La valeur ajoutée des Maldives était inférieure à celle de l'Inde (212,0 milliards de dollars) et du Sri Lanka (4,7 milliards de dollars). La valeur ajoutée par habitant aux Maldives était supérieure à celle du Sri Lanka (294,2 de dollars) et de l'Inde (273,2 de dollars). La croissance de la valeur ajoutée aux Maldives était supérieure à celle de l'Inde (5,8%) et du Sri Lanka (3,8%).

Comparaison avec les leaders. La valeur ajoutée des Maldives était inférieure à celle des États-Unis (4,2 billions de dollars), du Japon (1,8 billions de dollars), de l'Allemagne (907,0 milliards de dollars), de l'URSS (887,0 milliards de dollars) et de la France (650,9 milliards de dollars). La valeur ajoutée par habitant aux Maldives était inférieure à celle des États-Unis (17 439,9 de dollars), du Japon (14 839,7 de dollars), de l'Allemagne (11 624,4 de dollars), de la France (11 516,2 de dollars) et de l'URSS (3 222,9 de dollars). La croissance de la valeur ajoutée aux Maldives était supérieure à celle de l'URSS (4,3%), du Japon (4,2%), des États-Unis (2,8%), de la France (2,2%) et de l'Allemagne (2,0%).

Les années 1990

Chapitre II. Valeur ajoutée

La valeur ajoutée des Maldives était de 494,9 millions de dollars par an dans les années 1990, se classant au 181ème rang mondial à égalité avec le Cap-Vert (496,9 millions de dollars), les Seychelles (491,3 millions de dollars), la Micronésie (501,3 millions de dollars). La part dans le monde était de 0,0018% et de 0,0065% en Asie.

La valeur ajoutée totale des Maldives était constituée de: services (37,3%), commerce (36,1%), transport (9,4%), agriculture (7,2%), industrie (5,9%), construction (4,2%).

La valeur ajoutée par habitant aux Maldives était de 1980.2 dollars dans les années 1990, se classant au 101ème rang mondial, à égalité avec la Micronésie (1 934,8 de dollars). La valeur ajoutée par habitant aux Maldives était 2,4 fois inférieure la valeur ajoutée par habitant au Monde (4 799,9 US$), et 9,9% inférieure la valeur ajoutée par habitant en Asie (2 197,3 US$).

La croissance de la valeur ajoutée aux Maldives était de 6.3% dans les années 1990, se situant au 19ème rang mondial, à égalité avec la Birmanie (6,3%), l'Irlande (6,3%). La croissance de la valeur ajoutée aux Maldives (6,3%) a été supérieure à celle du monde (2,7%), et supérieure à celle de l'Asie (4,6%).

Comparaison avec les voisins. La valeur ajoutée des Maldives était inférieure à celle de l'Inde (321,6 milliards de dollars) et du Sri Lanka (10,5 milliards de dollars). La valeur ajoutée par habitant aux Maldives était supérieure à celle du Sri Lanka (578,6 de dollars) et de l'Inde (336,7 de dollars). La croissance de la valeur ajoutée aux Maldives était supérieure à celle du Sri Lanka (5,7%) et de l'Inde (5,6%).

Comparaison avec les leaders. La valeur ajoutée des Maldives était inférieure à celle des États-Unis (7,6 billions de dollars), du Japon (4,3 billions de dollars), de l'Allemagne (2,0 billions de dollars), de la France (1,3 billions de dollars) et du Royaume-Uni (1,2 billions de dollars). La valeur ajoutée par habitant aux Maldives était inférieure à celle du Japon (34 190,7 de dollars), des États-Unis (28 605,8 de dollars), de l'Allemagne (24 519,7 de dollars), de la France (21 588,1 de dollars) et du Royaume-Uni (21 414,8 de dollars). La croissance de la valeur ajoutée aux Maldives était supérieure à celle des États-Unis (2,8%), du Royaume-Uni (2,4%), de l'Allemagne (2,1%), de la France (1,8%) et du Japon (1,8%).

Les années 2000

La valeur ajoutée des Maldives était de 1,3 milliards de dollars par an dans les années 2000, se situant au 174ème rang mondial. La part dans le monde était de 0,0029% et de 0,010% en Asie.

La valeur ajoutée totale des Maldives était constituée de: commerce (34,8%), services (34,8%), transport (11,8%), agriculture (6,8%), industrie (6,3%), construction (5,5%).

La valeur ajoutée par habitant aux Maldives était de 4072.7 dollars dans les années 2000, se classant au 96ème rang mondial, à égalité avec le Suriname (4 112,8 de dollars), l'Afrique du Sud (4 153,6 de dollars), le Kazakhstan (3 976,4 de dollars). La valeur ajoutée par habitant aux Maldives était 40,3% inférieure la valeur ajoutée par habitant au Monde (6 818,0 US$), et 30,9% supérieure la valeur ajoutée par habitant en Asie (3 111,3 US$).

La croissance de la valeur ajoutée aux Maldives était de 4.6% dans les années 2000, au 68ème rang mondial, à égalité avec le Togo (4,6%), le Pakistan (4,6%), la Bulgarie (4,7%). La croissance de la valeur ajoutée aux Maldives (4,6%) a été supérieure à celle du monde (2,9%), et inférieure à celle de l'Asie (5,1%).

Comparaison avec les voisins. La valeur ajoutée des Maldives était inférieure à celle de l'Inde (760,7 milliards de dollars) et du Sri Lanka (25,7 milliards de dollars). La valeur ajoutée par habitant aux Maldives était supérieure à celle du Sri Lanka (1 319,1 de dollars) et de l'Inde (668,3 de dollars). La croissance de la valeur ajoutée aux Maldives était supérieure à celle du Sri Lanka (4,5%); mais inférieure à celle de l'Inde (6,2%).

Comparaison avec les leaders. La valeur ajoutée des Maldives était inférieure à celle des États-Unis (12,6 billions de dollars), du Japon (4,7 billions de dollars), de la Chine (2,6 billions de dollars), de l'Allemagne (2,5 billions de dollars) et du Royaume-Uni (2,1 billions de dollars). La valeur ajoutée par habitant aux Maldives était supérieure à celle de la Chine (1 954,1 de dollars); mais inférieure à celle des États-Unis (42 840,8 de dollars), du Japon (36 383,0 de dollars), du Royaume-Uni (34 611,1 de dollars) et de l'Allemagne (30 717,6 de dollars). La croissance de la valeur ajoutée aux Maldives était supérieure à celle des États-Unis (1,7%), du Royaume-Uni (1,7%), de l'Allemagne (0,65%) et du Japon (0,27%); mais inférieure à celle de la Chine (10,2%).

Les années 2010

La valeur ajoutée des Maldives était de 3,5 milliards de dollars par an dans les années 2010, au 168ème rang mondial. La part dans le monde était de 0,0047% et de 0,013% en Asie.

La valeur ajoutée totale des Maldives était constituée de: services (35,9%), commerce (35,1%), transport (10,9%), construction (7,7%), agriculture (6,1%), industrie (4,4%).

La valeur ajoutée par habitant aux Maldives était de 7781.3 dollars dans les années 2010, au 90ème rang mondial, à égalité avec les Caraïbes (7 946,0 de dollars), la Grenade (7 600,9 de dollars), le Gabon (7 980,2 de dollars). La valeur ajoutée par habitant aux Maldives était 22,9% inférieure la valeur ajoutée par habitant au Monde (10 094,6 US$), et 28,3% supérieure la valeur ajoutée par habitant en Asie (6 065,5 US$).

La croissance de la valeur ajoutée aux Maldives était de 6.3% dans les années 2010, se situant au 21ème rang mondial, à égalité avec les Philippines (6,3%), la Guinée (6,3%), la république démocratique du Congo (6,3%). La croissance de la valeur ajoutée aux Maldives (6,3%) a été supérieure à celle du monde (3,1%), et supérieure à celle de l'Asie (5,3%).

Comparaison avec les voisins. La valeur ajoutée des Maldives était 581,3 fois inférieure à celle de l'Inde (2,0 billions de dollars) et 20,3 fois inférieure à celle du Sri Lanka (70,7 milliards de dollars). La valeur ajoutée par habitant aux Maldives était 2,3 fois supérieure à celle du Sri Lanka (3 393,7 de dollars) et 5,0 fois supérieure à celle de l'Inde (1 552,2 de dollars). La croissance de la valeur ajoutée aux Maldives était supérieure à celle du Sri Lanka (5,3%); mais inférieure à celle de l'Inde (6,8%).

Comparaison avec les leaders. La valeur ajoutée des Maldives était 5 166,7 fois inférieure à celle des États-Unis (18,0 billions de dollars), 3 022,1 fois inférieure à celle de la Chine (10,5 billions de dollars), 1 496,2 fois inférieure à celle du Japon (5,2 billions de dollars), 950,0 fois inférieure à celle de l'Allemagne (3,3 billions de dollars) et 710,6 fois inférieure à celle du Royaume-Uni (2,5 billions de dollars). La valeur ajoutée par habitant aux Maldives était 3,9% supérieure à celle de la Chine (7 491,3 de dollars); mais 7,2 fois inférieure à celle des États-Unis (56 220,3 de dollars), 5,2 fois inférieure à celle du Japon (40 660,3 de dollars), 5,2 fois inférieure à celle de l'Allemagne (40 346,4 de dollars) et 4,8 fois inférieure à celle du Royaume-Uni (37 659,6 de dollars). La croissance de la valeur ajoutée aux Maldives était supérieure à celle des États-Unis (2,2%), de l'Allemagne (1,9%), du Royaume-Uni (1,8%) et du Japon (1,3%); mais inférieure à celle de la Chine (7,7%).

Chapitre III. Revenu national brut

Le revenu national brut des Maldives est passé de 55,6 millions de dollars par an dans les années 1970 à 4,0 milliards de dollars par an dans les années 2010, c'est-à-dire 4,0 milliards de dollars ou de 72,2 fois. La variation a été de 2,9 milliards de dollars en raison de l'augmentation de 3,6 fois des prix, et de 930,4 millions de dollars en raison de la croissance de productivité de 6,0 fois, et de 129,4 millions de dollars en raison de la croissance démographique. La croissance annuelle moyenne du RNB était de 7,2%. La valeur minimale était de 40,3 millions de dollars en 1970. La valeur maximale était de 5,7 milliards de dollars en 2019.

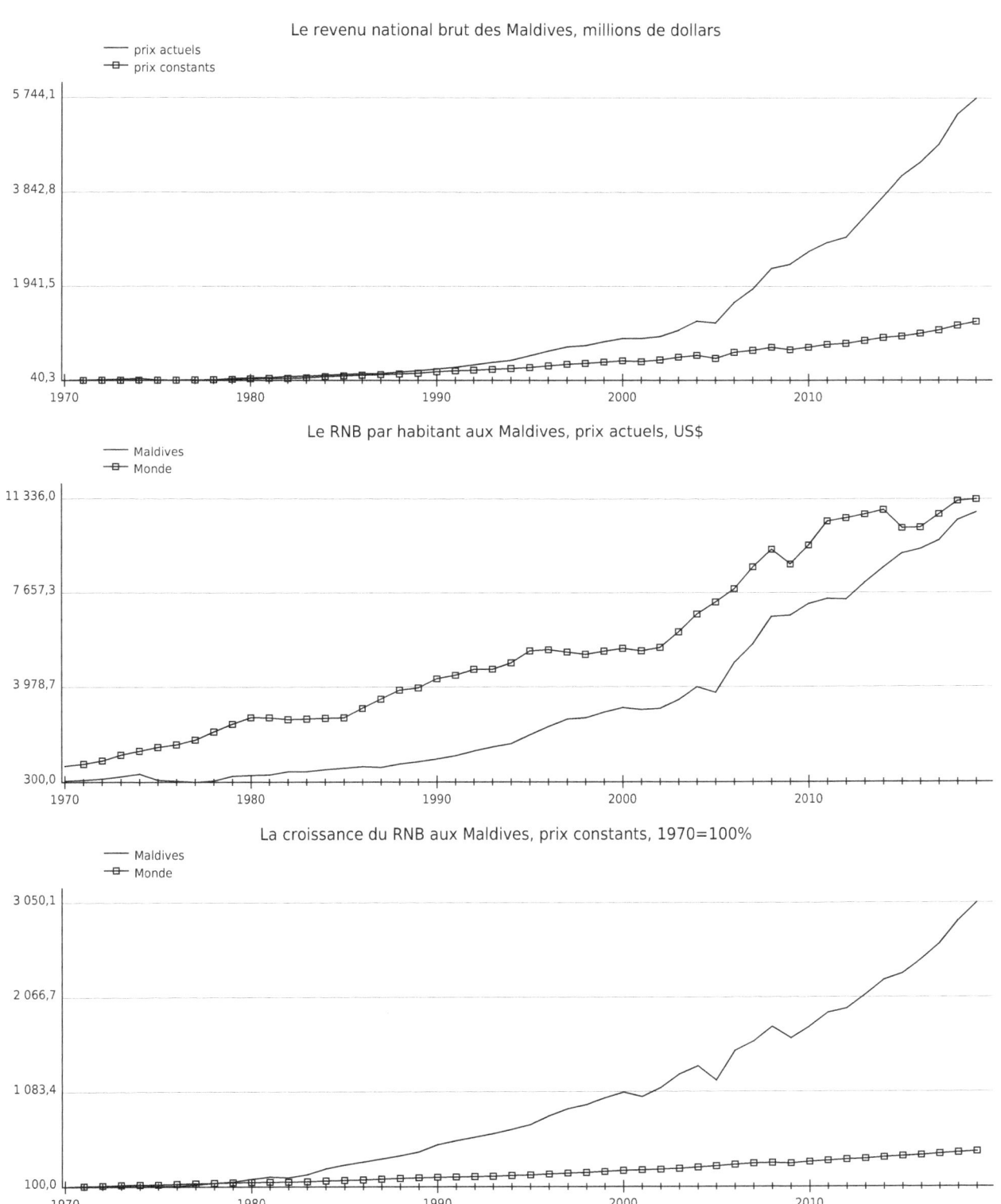

Les années 1970

Le revenu national brut des Maldives était de 55,6 millions de dollars par an dans les années 1970, au 167ème rang mondial à égalité avec les Kiribati (54,9 millions de dollars). La part dans le monde était de 0,0008% et de 0,0045% en Asie.

Le RNB par habitant aux Maldives était de 414 dollars dans les années 1970, se situant au 140ème rang mondial, à égalité avec la république du Congo (416,1 de dollars), les Philippines (419,1 de dollars), la Bolivie (419,7 de dollars). Le RNB par habitant aux Maldives était 3,9 fois inférieur le revenu national brut par habitant au Monde (1 624,3 US$), et 21,8% inférieur le RNB par habitant en Asie (529,4 US$).

La croissance du revenu national brut aux Maldives était de 4.7% dans les années 1970, se situant au 82ème rang mondial, à égalité avec le Salvador (4,7%), le Viêt Nam (4,7%), le Japon (4,7%). La croissance du RNB aux Maldives (4,7%) a été supérieure à celle du monde (4,1%), et inférieure à celle de l'Asie (5,5%).

Comparaison avec les voisins. Le revenu national brut des Maldives était inférieur à celui de l'Inde (99,7 milliards de dollars) et du Sri Lanka (3,8 milliards de dollars). Le revenu national brut par habitant aux Maldives était supérieur à celui du Sri Lanka (278,2 de dollars) et de l'Inde (161,6 de dollars). La croissance du RNB aux Maldives était supérieure à celle du Sri Lanka (4,6%) et de l'Inde (2,7%).

Comparaison avec les leaders. Le revenu national brut des Maldives était inférieur à celui des États-Unis (1,7 billions de dollars), de l'URSS (649,4 milliards de dollars), du Japon (558,5 milliards de dollars), de l'Allemagne (486,2 milliards de dollars) et de la France (334,3 milliards de dollars). Le revenu national brut par habitant aux Maldives était inférieur à celui des États-Unis (7 837,2 de dollars), de la France (6 235,1 de dollars), de l'Allemagne (6 174,4 de dollars), du Japon (5 015,3 de dollars) et de l'URSS (2 574,9 de dollars). La croissance du RNB aux Maldives était supérieure à celle du Japon (4,7%), de la France (3,9%), des États-Unis (3,5%) et de l'Allemagne (3,0%); mais inférieure à celle de l'URSS (4,8%).

Les années 1980

Le RNB des Maldives était de 152,1 millions de dollars par an dans les années 1980, se situant au 165ème rang mondial à égalité avec les Salomon (153,2 millions de dollars). La part dans le monde était de 0,0010% et de 0,0043% en Asie.

Le RNB par habitant aux Maldives était de 814.7 dollars dans les années 1980, se classant au 129ème rang mondial, à égalité avec l'Angola (810,4 de dollars), la Côte d'Ivoire (822,8 de dollars), l'Albanie (802,9 de dollars). Le RNB par habitant aux Maldives était 3,8 fois inférieur le RNB par habitant au Monde (3 117,1 US$), et 34,0% inférieur le RNB par habitant en Asie (1 233,8 US$).

La croissance du RNB aux Maldives était de 11.7% dans les années 1980, au 3ème rang mondial. La croissance du revenu national brut aux Maldives (11,7%) a été supérieure à celle du monde (3,0%), et supérieure à celle de l'Asie (4,6%).

Comparaison avec les voisins. Le RNB des Maldives était inférieur à celui de l'Inde (239,6 milliards de dollars) et du Sri Lanka (6,5 milliards de dollars). Le RNB par habitant aux Maldives était supérieur à celui du Sri Lanka (405,6 de dollars) et de l'Inde (308,7 de dollars). La croissance du RNB aux Maldives était supérieure à celle de l'Inde (5,5%) et du Sri Lanka (3,7%).

Comparaison avec les leaders. Le revenu national brut des Maldives était inférieur à celui des États-Unis (4,2 billions de dollars), du Japon (1,8 billions de dollars), de l'Allemagne (996,5 milliards de dollars), de l'URSS (887,0 milliards de dollars) et de la France (732,1 milliards de dollars). Le RNB par habitant aux Maldives était inférieur à celui des États-Unis (17 362,5 de dollars), du Japon (15 042,8 de dollars), de la France (12 952,6 de dollars), de l'Allemagne (12 771,0 de dollars) et de l'URSS (3 222,9 de dollars). La croissance du revenu national brut aux Maldives était supérieure à celle du Japon (4,4%), de l'URSS (4,3%), des États-Unis (3,1%), de la France (2,3%) et de l'Allemagne (2,0%).

Les années 1990

Le RNB des Maldives était de 521,0 millions de dollars par an dans les années 1990, au 181ème rang mondial à égalité avec le Belize (527,6 millions de dollars). La part dans le monde était de 0,0018% et de 0,0067% en Asie.

Le RNB par habitant aux Maldives était de 2084.3 dollars dans les années 1990, se classant au 103ème rang mondial, à égalité avec la Micronésie (2 084,4 de dollars), le Suriname (2 069,4 de dollars), les Tonga (2 101,9 de dollars). Le revenu national brut par habitant aux Maldives était 2,4 fois inférieur le revenu national brut par habitant au Monde (4 991,4 US$), et 7,7% inférieur le revenu national brut par habitant en Asie (2 257,5 US$).

Chapitre III. Revenu national brut

La croissance du revenu national brut aux Maldives était de 8.3% dans les années 1990, au 9ème rang mondial. La croissance du RNB aux Maldives (8,3%) a été supérieure à celle du monde (2,8%), et supérieure à celle de l'Asie (4,6%).

Comparaison avec les voisins. Le RNB des Maldives était inférieur à celui de l'Inde (357,1 milliards de dollars) et du Sri Lanka (14,2 milliards de dollars). Le RNB par habitant aux Maldives était supérieur à celui du Sri Lanka (786,9 de dollars) et de l'Inde (373,8 de dollars). La croissance du revenu national brut aux Maldives était supérieure à celle de l'Inde (5,8%) et du Sri Lanka (5,3%).

Comparaison avec les leaders. Le RNB des Maldives était inférieur à celui des États-Unis (7,5 billions de dollars), du Japon (4,4 billions de dollars), de l'Allemagne (2,2 billions de dollars), de la France (1,4 billions de dollars) et du Royaume-Uni (1,3 billions de dollars). Le RNB par habitant aux Maldives était inférieur à celui du Japon (34 665,3 de dollars), des États-Unis (28 503,5 de dollars), de l'Allemagne (27 004,0 de dollars), de la France (24 286,5 de dollars) et du Royaume-Uni (23 037,3 de dollars). La croissance du revenu national brut aux Maldives était supérieure à celle des États-Unis (3,4%), de la France (2,2%), du Royaume-Uni (2,0%), de l'Allemagne (2,0%) et du Japon (1,5%).

Les années 2000

Le revenu national brut des Maldives était de 1,4 milliards de dollars par an dans les années 2000, se situant au 174ème rang mondial à égalité avec la République centrafricaine (1,4 milliards de dollars). La part dans le monde était de 0,0031% et de 0,011% en Asie.

Le RNB par habitant aux Maldives était de 4557.7 dollars dans les années 2000, se classant au 93ème rang mondial, à égalité avec l'Afrique du Sud (4 480,4 de dollars). Le RNB par habitant aux Maldives était 36,4% inférieur le revenu national brut par habitant au Monde (7 165,2 US$), et 42,5% supérieur le revenu national brut par habitant en Asie (3 199,2 US$).

La croissance du RNB aux Maldives était de 4.9% dans les années 2000, se classant au 71ème rang mondial, à égalité avec les Émirats arabes unis (4,8%), le Pakistan (4,8%), Bahreïn (4,8%). La croissance du RNB aux Maldives (4,9%) a été supérieure à celle du monde (3,0%), et inférieure à celle de l'Asie (5,3%).

Comparaison avec les voisins. Le RNB des Maldives était inférieur à celui de l'Inde (825,7 milliards de dollars) et du Sri Lanka (29,1 milliards de dollars). Le RNB par habitant aux Maldives était supérieur à celui du Sri Lanka (1 493,8 de dollars) et de l'Inde (725,4 de dollars). La croissance du RNB aux Maldives était inférieure à celle de l'Inde (6,3%) et du Sri Lanka (5,0%).

Comparaison avec les leaders. Le RNB des Maldives était inférieur à celui des États-Unis (12,7 billions de dollars), du Japon (4,8 billions de dollars), de l'Allemagne (2,8 billions de dollars), de la Chine (2,6 billions de dollars) et du Royaume-Uni (2,3 billions de dollars). Le revenu national brut par habitant aux Maldives était supérieur à celui de la Chine (1 950,5 de dollars); mais inférieur à celui des États-Unis (43 177,4 de dollars), du Royaume-Uni (38 514,5 de dollars), du Japon (37 144,2 de dollars) et de l'Allemagne (34 189,0 de dollars). La croissance du RNB aux Maldives était supérieure à celle des États-Unis (1,8%), du Royaume-Uni (1,7%), de l'Allemagne (1,0%) et du Japon (0,62%); mais inférieure à celle de la Chine (10,4%).

Les années 2010

Le RNB des Maldives était de 4,0 milliards de dollars par an dans les années 2010, se situant au 166ème rang mondial à égalité avec le Suriname (4,0 milliards de dollars). La part dans le monde était de 0,0052% et de 0,015% en Asie.

Le revenu national brut par habitant aux Maldives était de 8984.6 dollars dans les années 2010, se situant au 88ème rang mondial, à égalité avec Sainte-Lucie (8 854,7 de dollars). Le revenu national brut par habitant aux Maldives était 15,3% inférieur le revenu national brut par habitant au Monde (10 611,7 US$), et 44,3% supérieur le RNB par habitant en Asie (6 227,9 US$).

La croissance du revenu national brut aux Maldives était de 6.4% dans les années 2010, au 22ème rang mondial, à égalité avec le Bangladesh (6,4%), le Tadjikistan (6,4%), la république démocratique du Congo (6,5%). La croissance du revenu national brut aux Maldives (6,4%) a été supérieure à celle du monde (3,1%), et supérieure à celle de l'Asie (5,2%).

Comparaison avec les voisins. Le revenu national brut des Maldives était 544,2 fois inférieur à celui de l'Inde (2,2 billions de dollars) et 18,7 fois inférieur à celui du Sri Lanka (75,0 milliards de dollars). Le RNB par habitant aux Maldives était 2,5 fois supérieur à celui du Sri Lanka (3 599,3 de dollars) et 5,4 fois supérieur à celui de l'Inde (1 677,9 de dollars). La croissance du revenu national brut aux Maldives était supérieure à celle du Sri Lanka (5,0%); mais inférieure à celle de l'Inde (6,6%).

Comparaison avec les leaders. Le RNB des Maldives était 4 560,7 fois inférieur à celui des États-Unis (18,3 billions de dollars), 2 607,7 fois inférieur à celui de la Chine (10,5 billions de dollars), 1 345,1 fois inférieur à celui du Japon (5,4 billions de dollars), 934,0 fois inférieur à celui de l'Allemagne (3,7 billions de dollars) et 684,1 fois inférieur à celui de la France (2,7 billions de dollars). Le RNB par habitant aux Maldives était 20,4% supérieur à celui de la Chine (7 463,8 de dollars); mais 6,4 fois inférieur à celui des États-Unis (57 299,9 de dollars), 5,1 fois inférieur à celui de l'Allemagne (45 801,3 de dollars), 4,7 fois inférieur à celui du Japon (42 204,7 de dollars) et 4,6 fois inférieur à celui de la France (41 404,4 de dollars). La croissance du revenu national brut aux Maldives était supérieure à celle des États-Unis (2,5%), de l'Allemagne (2,0%), du Japon (1,4%) et de la France (1,4%); mais inférieure à celle de la Chine (7,7%).

Partie II. Structure

Chapitre IV. Agriculture

Agriculture, chasse, sylviculture et pêche (ISIC A-B)

La valeur de l'agriculture aux Maldives est passé de 10,5 millions de dollars par an dans les années 1970 à 212,4 millions de dollars par an dans les années 2010, c'est-à-dire 201,9 millions de dollars ou de 20,1 fois. La variation a été de 179,3 millions de dollars en raison de l'augmentation de 6,4 fois des prix, et de -2,0 millions de dollars en raison de la baisse de productivité de 1,1 fois, et de 24,6 millions de dollars en raison de la croissance démographique. La croissance annuelle moyenne de l'agriculture était de 3,0%. La valeur minimale était de 7,8 millions de dollars en 1970. La valeur maximale était de 295,3 millions de dollars en 2019.

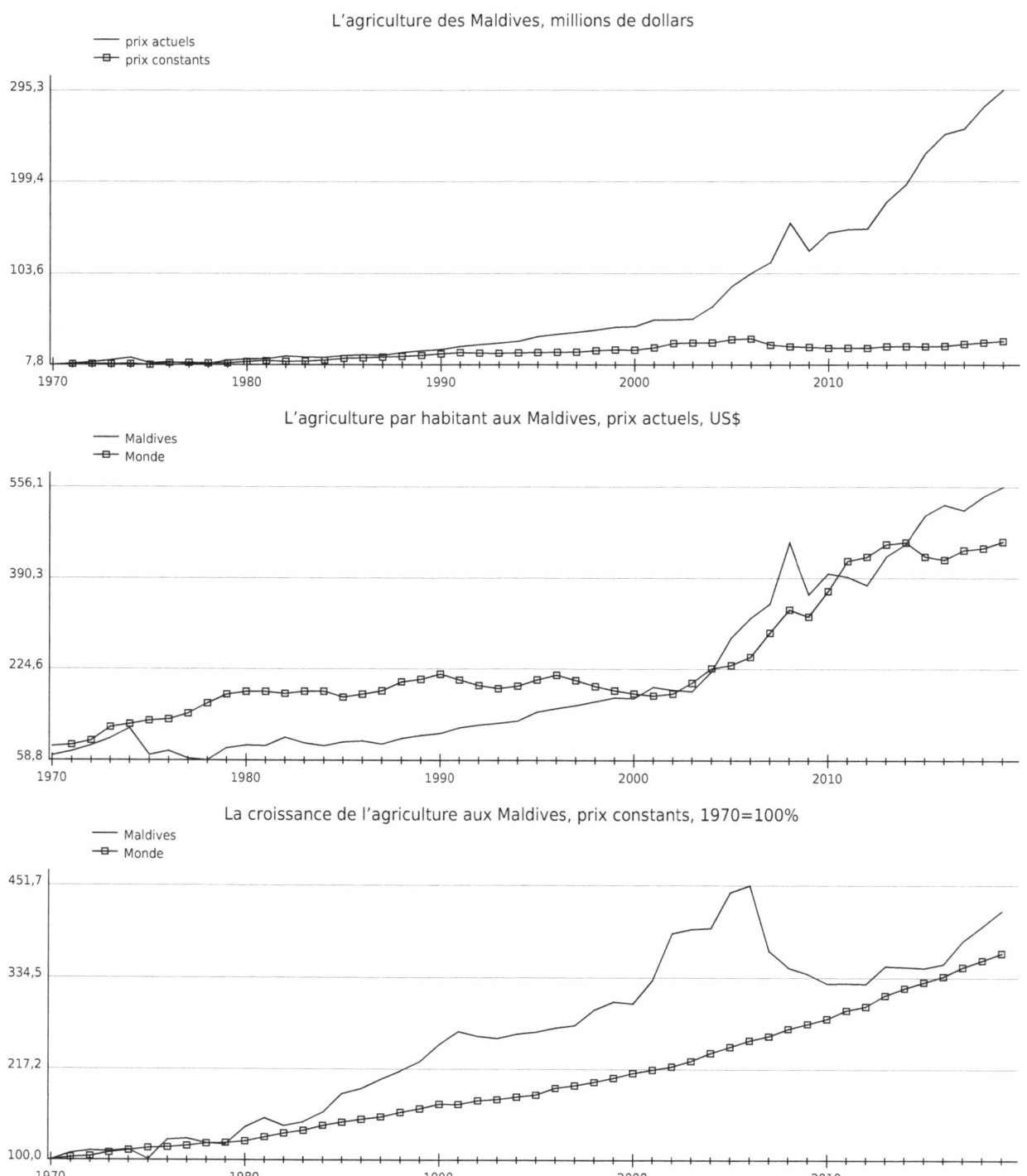

Chapitre IV. Agriculture

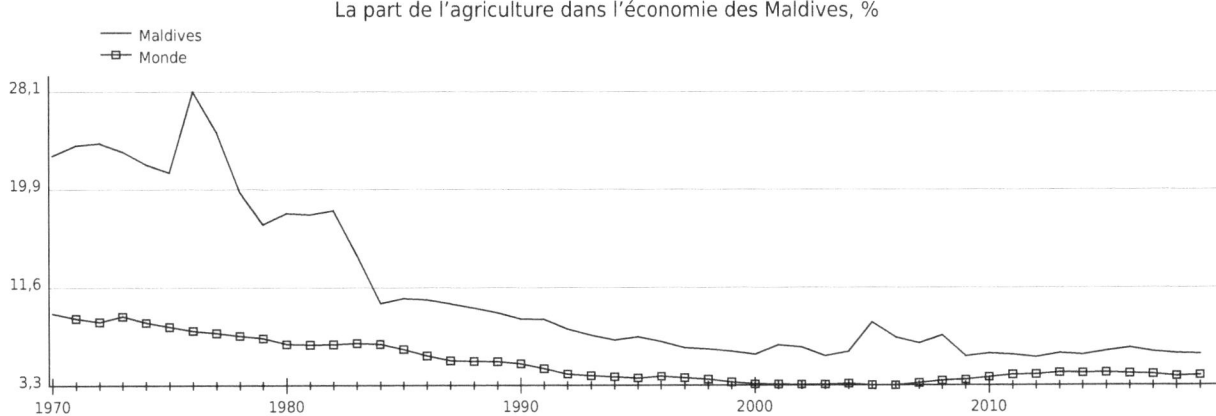

Les années 1970

Le secteur de l'agriculture aux Maldives était de 10,5 millions de dollars par an dans les années 1970, se situant au 156ème rang mondial. La part dans le monde était de 0,0020% et de 0,0059% en Asie.

La part de l'agriculture dans l'économie des Maldives était de 22,1% dans les années 1970, se classant au 65ème rang mondial.

L'agriculture par habitant aux Maldives était de 78.6 dollars dans les années 1970, au 129ème rang mondial, à égalité avec le Pakistan (78,8 de dollars), l'Est (77,8 de dollars), d'Oman (77,5 de dollars). L'agriculture par habitant aux Maldives était 38,4% inférieure l'agriculture par habitant au Monde (127,6 US$), et 2,4% supérieure l'agriculture par habitant en Asie (76,7 US$).

La croissance de l'agriculture aux Maldives était de 2.1% dans les années 1970, se classant au 108ème rang mondial, à égalité avec le Chili (2,1%). La croissance de l'agriculture aux Maldives (2,1%) a été inférieure à celle du monde (2,2%), et supérieure à celle de l'Asie (2,0%).

Comparaison avec les voisins. Le secteur de l'agriculture aux Maldives était inférieur à celui de l'Inde (36,0 milliards de dollars) et du Sri Lanka (769,3 millions de dollars). L'agriculture par habitant aux Maldives était supérieure à celle de l'Inde (58,3 de dollars) et du Sri Lanka (56,4 de dollars). La croissance de l'agriculture aux Maldives était supérieure à celle de l'Inde (0,30%); mais inférieure à celle du Sri Lanka (2,8%).

Comparaison avec les leaders. L'agriculture des Maldives était inférieure à celle de l'URSS (88,7 milliards de dollars), de la Chine (49,5 milliards de dollars), des États-Unis (42,6 milliards de dollars), de l'Inde (36,0 milliards de dollars) et du Japon (25,8 milliards de dollars). L'agriculture par habitant aux Maldives était supérieure à celle de l'Inde (58,3 de dollars) et de la Chine (54,2 de dollars); mais inférieure à celle de l'URSS (351,8 de dollars), du Japon (231,3 de dollars) et des États-Unis (195,0 de dollars). La croissance de l'agriculture aux Maldives était supérieure à celle du Japon (0,52%), des États-Unis (0,34%) et de l'Inde (0,30%); mais inférieure à celle de l'URSS (7,0%) et de la Chine (2,4%).

Les années 1980

La valeur ajoutée de l'agriculture aux Maldives était de 17,3 millions de dollars par an dans les années 1980, se situant au 162ème rang mondial à égalité avec Saint-Vincent-et-les-Grenadines (17,0 millions de dollars). La part dans le monde était de 0,0019% et de 0,0050% en Asie.

La part de l'agriculture dans l'économie des Maldives était de 11,8% dans les années 1980, se classant au 104ème rang mondial.

L'agriculture par habitant aux Maldives était de 92.7 dollars dans les années 1980, se classant au 148ème rang mondial, à égalité avec Bahreïn (91,2 de dollars), le Togo (91,2 de dollars), l'Inde (90,7 de dollars). L'agriculture par habitant aux Maldives était 2,0 fois inférieure l'agriculture par habitant au Monde (186,6 US$), et 24,5% inférieure l'agriculture par habitant en Asie (122,8 US$).

La croissance de l'agriculture aux Maldives était de 6.6% dans les années 1980, au 11ème rang mondial. La croissance de l'agriculture aux Maldives (6,6%) a été supérieure à celle du monde (3,1%), et supérieure à celle de l'Asie (3,8%).

Comparaison avec les voisins. Le secteur de l'agriculture aux Maldives était inférieur à celui de l'Inde (70,4 milliards de dollars) et du Sri Lanka (1,0 milliards de dollars). L'agriculture par habitant aux Maldives était supérieure à celle de l'Inde (90,7 de dollars) et du Sri Lanka (65,1 de dollars). La croissance de l'agriculture aux Maldives était supérieure à celle de l'Inde (4,4%) et du Sri Lanka (1,3%).

Comparaison avec les leaders. La valeur de l'agriculture aux Maldives était inférieure à celle de l'URSS (125,8 milliards de dollars), de la Chine (94,9 milliards de dollars), de l'Inde (70,4 milliards de dollars), des États-Unis (68,7 milliards de dollars) et du Japon (49,7 milliards de dollars). L'agriculture par habitant aux Maldives était supérieure à celle de l'Inde (90,7 de dollars) et de la Chine (88,5 de dollars); mais inférieure à celle de l'URSS (457,2 de dollars), du Japon (410,0 de dollars) et des États-Unis (286,8 de dollars). La croissance de l'agriculture aux Maldives était supérieure à celle de la Chine (5,3%), de l'Inde (4,4%), des États-Unis (3,7%), de l'URSS (2,8%) et du Japon (0,41%).

Les années 1990

L'agriculture des Maldives était de 35,5 millions de dollars par an dans les années 1990, se situant au 182ème rang mondial à égalité avec la Dominique (36,3 millions de dollars). La part dans le monde était de 0,0031% et de 0,0068% en Asie.

La part de l'agriculture dans l'économie des Maldives était de 7,2% dans les années 1990, au 134ème rang mondial, à égalité avec la Croatie (7,1%), le Panama (7,2%).

L'agriculture par habitant aux Maldives était de 142 dollars dans les années 1990, se classant au 142ème rang mondial, à égalité avec le Qatar (142,2 de dollars), le Liban (141,7 de dollars), la Corée du Nord (141,2 de dollars). L'agriculture par habitant aux Maldives était 28,9% inférieure l'agriculture par habitant au Monde (199,8 US$), et 6,3% inférieure l'agriculture par habitant en Asie (151,6 US$).

La croissance de l'agriculture aux Maldives était de 3% dans les années 1990, se classant au 73ème rang mondial, à égalité avec le Guatemala (3,0%), la Guinée-Bissau (3,0%), Djibouti (3,0%). La croissance de l'agriculture aux Maldives (3,0%) a été supérieure à celle du monde (2,2%), et inférieure à celle de l'Asie (3,2%).

Comparaison avec les voisins. Le secteur de l'agriculture aux Maldives était inférieur à celui de l'Inde (91,4 milliards de dollars) et du Sri Lanka (1,8 milliards de dollars). L'agriculture par habitant aux Maldives était supérieure à celle du Sri Lanka (98,7 de dollars) et de l'Inde (95,6 de dollars). La croissance de l'agriculture aux Maldives était supérieure à celle du Sri Lanka (2,9%) et de l'Inde (2,8%).

Comparaison avec les leaders. La valeur de l'agriculture aux Maldives était inférieure à celle de la Chine (139,0 milliards de dollars), des États-Unis (96,1 milliards de dollars), de l'Inde (91,4 milliards de dollars), du Japon (78,9 milliards de dollars) et du Brésil (36,8 milliards de dollars). L'agriculture par habitant aux Maldives était supérieure à celle de la Chine (112,7 de dollars) et de l'Inde (95,6 de dollars); mais inférieure à celle du Japon (625,5 de dollars), des États-Unis (363,4 de dollars) et du Brésil (228,7 de dollars). La croissance de l'agriculture aux Maldives était supérieure à celle de l'Inde (2,8%), des États-Unis (2,6%) et du Japon (-1,8%); mais inférieure à celle de la Chine (4,3%) et du Brésil (3,0%).

Les années 2000

La valeur de l'agriculture aux Maldives était de 87,4 millions de dollars par an dans les années 2000, se classant au 172ème rang mondial à égalité avec le Vanuatu (87,9 millions de dollars), le Brunei (85,8 millions de dollars). La part dans le monde était de 0,0056% et de 0,011% en Asie.

La part de l'agriculture dans l'économie des Maldives était de 6,8% dans les années 2000, se situant au 114ème rang mondial, à égalité avec l'Iran (6,8%).

L'agriculture par habitant aux Maldives était de 277.4 dollars dans les années 2000, se classant au 85ème rang mondial, à égalité avec l'Eswatini (278,5 de dollars), la Biélorussie (276,1 de dollars), la Thaïlande (281,0 de dollars). L'agriculture par habitant aux Maldives était 15,4% supérieure l'agriculture par habitant au Monde (240,3 US$), et 37,0% supérieure l'agriculture par habitant en Asie (202,4 US$).

La croissance de l'agriculture aux Maldives était de 1.1% dans les années 2000, se situant au 132ème rang mondial, à égalité avec la Micronésie (1,1%). La croissance de l'agriculture aux Maldives (1,1%) a été inférieure à celle du monde (3,0%), et inférieure à celle de l'Asie (3,1%).

Comparaison avec les voisins. La valeur ajoutée de l'agriculture aux Maldives était inférieure à celle de l'Inde (147,6 milliards de dollars) et du Sri Lanka (2,5 milliards de dollars). L'agriculture par habitant aux Maldives était supérieure à celle de l'Inde (129,7 de dollars) et du Sri Lanka (129,6 de dollars). La croissance de l'agriculture aux Maldives était inférieure à celle du Sri Lanka (2,4%) et de l'Inde (2,0%).

Comparaison avec les leaders. L'agriculture des Maldives était inférieure à celle de la Chine (297,7 milliards de dollars), de l'Inde (147,6 milliards de dollars), des États-Unis (122,5 milliards de dollars), du Japon (57,1 milliards de dollars) et du Nigeria (47,6 milliards

Chapitre IV. Agriculture

de dollars). L'agriculture par habitant aux Maldives était supérieure à celle de la Chine (224,5 de dollars) et de l'Inde (129,7 de dollars); mais inférieure à celle du Japon (445,6 de dollars), des États-Unis (416,9 de dollars) et du Nigeria (346,4 de dollars). La croissance de l'agriculture aux Maldives était supérieure à celle du Japon (-1,3%); mais inférieure à celle du Nigeria (10,1%), de la Chine (4,0%), des États-Unis (3,6%) et de l'Inde (2,0%).

Les années 2010

Le secteur de l'agriculture aux Maldives était de 212,4 millions de dollars par an dans les années 2010, se classant au 165ème rang mondial à égalité avec Trinité-et-Tobago (216,2 millions de dollars). La part dans le monde était de 0,0067% et de 0,011% en Asie.

La part de l'agriculture dans l'économie des Maldives était de 6,1% dans les années 2010, se classant au 114ème rang mondial.

L'agriculture par habitant aux Maldives était de 475.4 dollars dans les années 2010, au 68ème rang mondial, à égalité avec la Slovénie (477,6 de dollars), la Papouasie-Nouvelle-Guinée (479,9 de dollars), la Grenade (481,5 de dollars). L'agriculture par habitant aux Maldives était 10,0% supérieure l'agriculture par habitant au Monde (432,1 US$), et 8,9% supérieure l'agriculture par habitant en Asie (436,7 US$).

La croissance de l'agriculture aux Maldives était de 2.1% dans les années 2010, au 98ème rang mondial, à égalité avec l'Irak (2,1%), les Amériques (2,2%). La croissance de l'agriculture aux Maldives (2,1%) a été inférieure à celle du monde (2,9%), et inférieure à celle de l'Asie (3,3%).

Comparaison avec les voisins. La valeur ajoutée de l'agriculture aux Maldives était 1 710,9 fois inférieure à celle de l'Inde (363,4 milliards de dollars) et 28,5 fois inférieure à celle du Sri Lanka (6,1 milliards de dollars). L'agriculture par habitant aux Maldives était 63,6% supérieure à celle du Sri Lanka (290,7 de dollars) et 70,3% supérieure à celle de l'Inde (279,1 de dollars). La croissance de l'agriculture aux Maldives était inférieure à celle de l'Inde (4,1%) et du Sri Lanka (3,0%).

Comparaison avec les leaders. Le secteur de l'agriculture aux Maldives était 4 172,3 fois inférieur à celui de la Chine (886,2 milliards de dollars), 1 710,9 fois inférieur à celui de l'Inde (363,4 milliards de dollars), 848,8 fois inférieur à celui des États-Unis (180,3 milliards de dollars), 584,0 fois inférieur à celui de l'Indonésie (124,1 milliards de dollars) et 450,9 fois inférieur à celui du Nigeria (95,8 milliards de dollars). L'agriculture par habitant aux Maldives était 70,3% supérieure à celle de l'Inde (279,1 de dollars); mais 24,8% inférieure à celle de la Chine (631,9 de dollars), 15,7% inférieure à celle des États-Unis (564,3 de dollars), 11,1% inférieure à celle du Nigeria (534,6 de dollars) et 1,7% inférieure à celle de l'Indonésie (483,6 de dollars). La croissance de l'agriculture aux Maldives était supérieure à celle des États-Unis (2,0%); mais inférieure à celle de l'Inde (4,1%), de l'Indonésie (3,9%), de la Chine (3,8%) et du Nigeria (3,6%).

Chapitre V. Industrie

Exploitation minière, fabrication, services publics (ISIC C-E)

Le secteur de l'industrie aux Maldives est passé de 2,3 millions de dollars par an dans les années 1970 à 151,3 millions de dollars par an dans les années 2010, c'est-à-dire 149,0 millions de dollars ou de 66,3 fois. La variation a été de 75,6 millions de dollars en raison de l'augmentation de 2,0 fois des prix, et de 68,1 millions de dollars en raison de la croissance de productivité de 10,0 fois, et de 5,3 millions de dollars en raison de la croissance démographique. La croissance annuelle moyenne de l'industrie était de 8,5%. La valeur minimale était de 1,5 millions de dollars en 1977. La valeur maximale était de 212,1 millions de dollars en 2019.

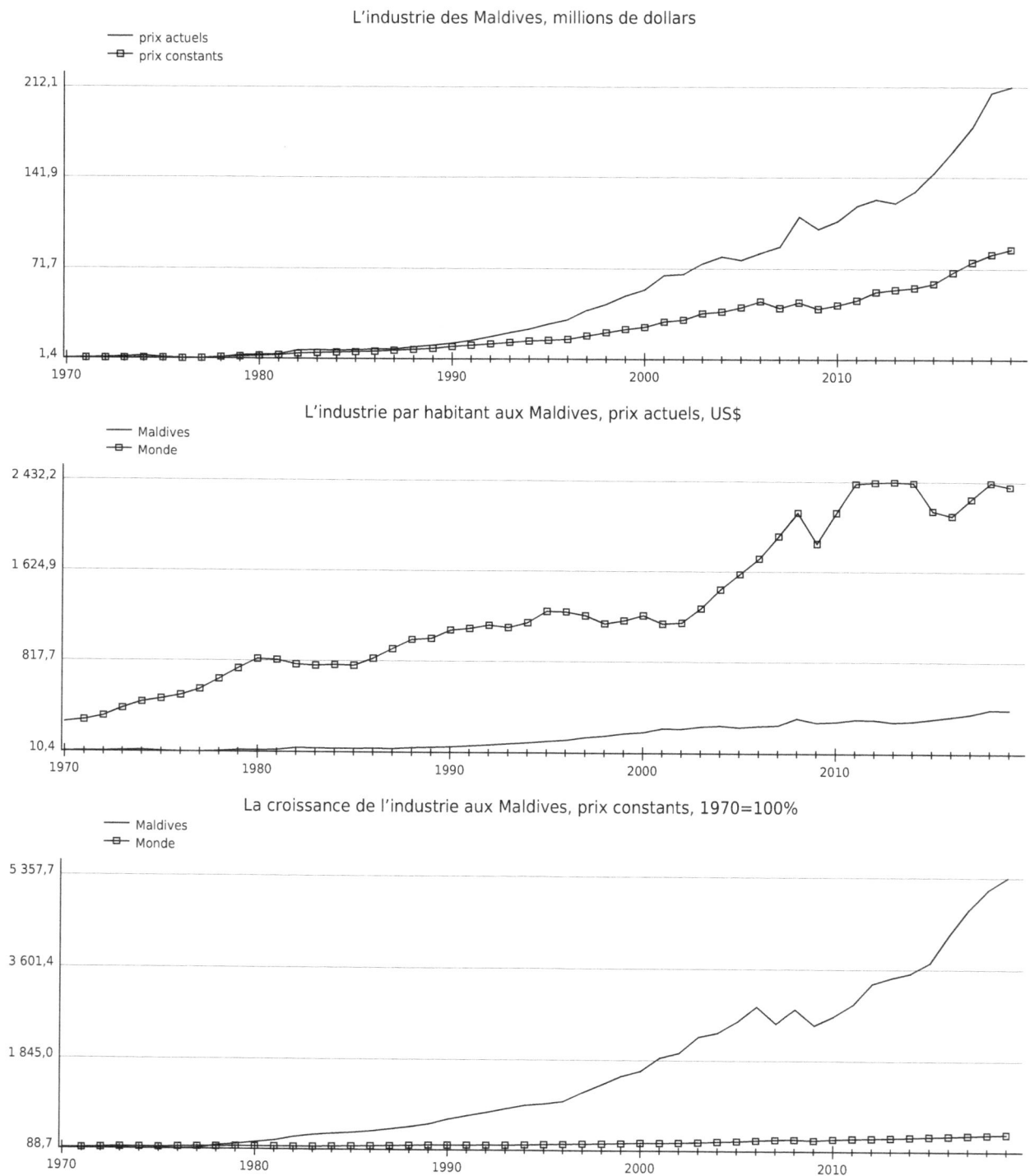

Chapitre V. Industrie

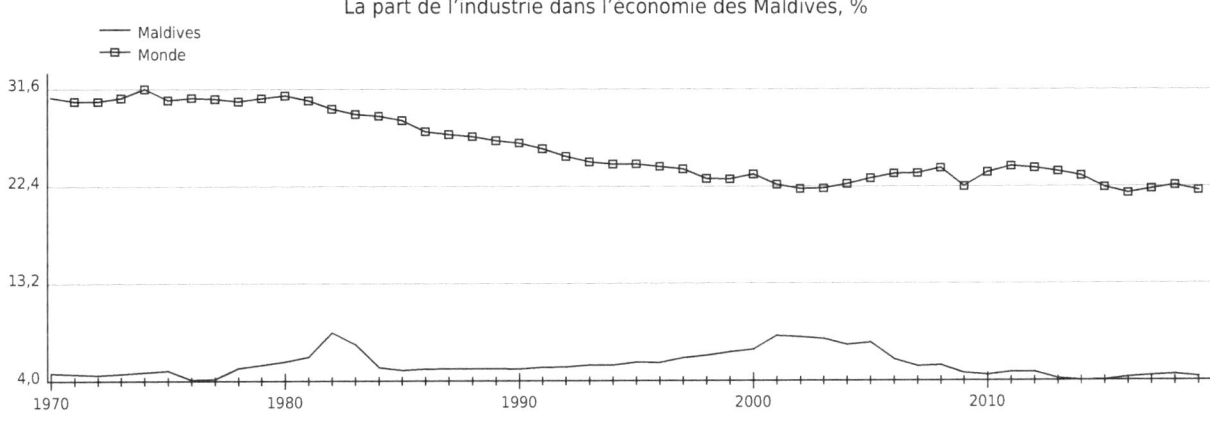
La part de l'industrie dans l'économie des Maldives, %

Les années 1970

Le secteur de l'industrie aux Maldives était de 2,3 millions de dollars par an dans les années 1970, se situant au 175ème rang mondial à égalité avec la Grenade (2,3 millions de dollars), la Dominique (2,3 millions de dollars). La part dans le monde était de 0,0001% et de 0,0006% en Asie.

La part de l'industrie dans l'économie des Maldives était de 4,8% dans les années 1970, au 175ème rang mondial, à égalité avec les Bermudes (4,8%).

L'industrie par habitant aux Maldives était de 17 dollars dans les années 1970, se situant au 169ème rang mondial, à égalité avec le Tchad (16,8 de dollars). L'industrie par habitant aux Maldives était 28,3 fois inférieure l'industrie par habitant au Monde (480,5 US$), et 10,2 fois inférieure l'industrie par habitant en Asie (173,9 US$).

La croissance de l'industrie aux Maldives était de 7.2% dans les années 1970, se classant au 45ème rang mondial, à égalité avec la Norvège (7,2%), l'Amérique centrale (7,2%), la Grèce (7,3%). La croissance de l'industrie aux Maldives (7,2%) a été supérieure à celle du monde (4,0%), et supérieure à celle de l'Asie (5,7%).

Comparaison avec les voisins. La valeur de l'industrie aux Maldives était inférieure à celle de l'Inde (18,4 milliards de dollars) et du Sri Lanka (771,0 millions de dollars). L'industrie par habitant aux Maldives était inférieure à celle du Sri Lanka (56,6 de dollars) et de l'Inde (29,9 de dollars). La croissance de l'industrie aux Maldives était supérieure à celle du Sri Lanka (6,0%) et de l'Inde (4,6%).

Comparaison avec les leaders. La valeur de l'industrie aux Maldives était inférieure à celle des États-Unis (450,4 milliards de dollars), de l'URSS (248,8 milliards de dollars), du Japon (185,6 milliards de dollars), de l'Allemagne (158,4 milliards de dollars) et du Royaume-Uni (72,6 milliards de dollars). L'industrie par habitant aux Maldives était inférieure à celle des États-Unis (2 063,8 de dollars), de l'Allemagne (2 011,9 de dollars), du Japon (1 666,5 de dollars), du Royaume-Uni (1 295,1 de dollars) et de l'URSS (986,6 de dollars). La croissance de l'industrie aux Maldives était supérieure à celle de l'URSS (5,2%), du Japon (4,5%), des États-Unis (2,4%), de l'Allemagne (2,1%) et du Royaume-Uni (1,9%).

Les années 1980

La valeur de l'industrie aux Maldives était de 8,2 millions de dollars par an dans les années 1980, se situant au 172ème rang mondial à égalité avec les Tonga (8,2 millions de dollars). La part dans le monde était de 0,0002% et de 0,0008% en Asie.

La part de l'industrie dans l'économie des Maldives était de 5,6% dans les années 1980, au 174ème rang mondial.

L'industrie par habitant aux Maldives était de 44.1 dollars dans les années 1980, se classant au 161ème rang mondial, à égalité avec la Tanzanie (44,1 de dollars), le Bhoutan (43,7 de dollars). L'industrie par habitant aux Maldives était 19,6 fois inférieure l'industrie par habitant au Monde (861,8 US$), et 8,6 fois inférieure l'industrie par habitant en Asie (380,7 US$).

La croissance de l'industrie aux Maldives était de 12.2% dans les années 1980, au 7ème rang mondial. La croissance de l'industrie aux Maldives (12,2%) a été supérieure à celle du monde (2,3%), et supérieure à celle de l'Asie (3,5%).

Comparaison avec les voisins. La valeur de l'industrie aux Maldives était inférieure à celle de l'Inde (51,0 milliards de dollars) et du Sri Lanka (1,2 milliards de dollars). L'industrie par habitant aux Maldives était inférieure à celle du Sri Lanka (72,7 de dollars) et de l'Inde (65,7 de dollars). La croissance de l'industrie aux Maldives était supérieure à celle de l'Inde (7,4%) et du Sri Lanka (3,7%).

Comparaison avec les leaders. L'industrie des Maldives était inférieure à celle des États-Unis (1,0 billions de dollars), du Japon (566,4 milliards de dollars), de l'URSS (305,7 milliards de dollars), de l'Allemagne (297,5 milliards de dollars) et du Royaume-Uni (171,2 milliards de dollars). L'industrie par habitant aux Maldives était inférieure à celle du Japon (4 670,2 de dollars), des États-Unis (4 176,6 de dollars), de l'Allemagne (3 812,7 de dollars), du Royaume-Uni (3 032,7 de dollars) et de l'URSS (1 110,8 de dollars). La croissance de l'industrie aux Maldives était supérieure à celle de l'URSS (5,3%), du Japon (4,2%), des États-Unis (1,9%), du Royaume-Uni (1,4%) et de l'Allemagne (1,2%).

Les années 1990

La valeur de l'industrie aux Maldives était de 29,0 millions de dollars par an dans les années 1990, se classant au 188ème rang mondial à égalité avec la Micronésie (29,0 millions de dollars). La part dans le monde était de 0,0004% et de 0,0013% en Asie.

La part de l'industrie dans l'économie des Maldives était de 5,9% dans les années 1990, se situant au 197ème rang mondial, à égalité avec d'Antigua-et-Barbuda (5,8%).

L'industrie par habitant aux Maldives était de 116.1 dollars dans les années 1990, se situant au 159ème rang mondial, à égalité avec le Bhoutan (115,5 de dollars). L'industrie par habitant aux Maldives était 10,1 fois inférieure l'industrie par habitant au Monde (1 175,6 US$), et 5,5 fois inférieure l'industrie par habitant en Asie (639,7 US$).

La croissance de l'industrie aux Maldives était de 10% dans les années 1990, au 18ème rang mondial, à égalité avec le Soudan (10,0%). La croissance de l'industrie aux Maldives (10,0%) a été supérieure à celle du monde (2,5%), et supérieure à celle de l'Asie (5,5%).

Comparaison avec les voisins. Le secteur de l'industrie aux Maldives était inférieur à celui de l'Inde (78,9 milliards de dollars) et du Sri Lanka (2,8 milliards de dollars). L'industrie par habitant aux Maldives était supérieure à celle de l'Inde (82,6 de dollars); mais inférieure à celle du Sri Lanka (152,1 de dollars). La croissance de l'industrie aux Maldives était supérieure à celle du Sri Lanka (7,5%) et de l'Inde (5,8%).

Comparaison avec les leaders. La valeur ajoutée de l'industrie aux Maldives était inférieure à celle des États-Unis (1,5 billions de dollars), du Japon (1,2 billions de dollars), de l'Allemagne (534,0 milliards de dollars), de la Chine (285,9 milliards de dollars) et du Royaume-Uni (268,6 milliards de dollars). L'industrie par habitant aux Maldives était inférieure à celle du Japon (9 400,9 de dollars), de l'Allemagne (6 621,6 de dollars), des États-Unis (5 704,4 de dollars), du Royaume-Uni (4 639,8 de dollars) et de la Chine (231,9 de dollars). La croissance de l'industrie aux Maldives était supérieure à celle des États-Unis (2,8%), du Japon (1,3%), du Royaume-Uni (1,2%) et de l'Allemagne (0,33%); mais inférieure à celle de la Chine (13,1%).

Les années 2000

La valeur de l'industrie aux Maldives était de 81,0 millions de dollars par an dans les années 2000, se situant au 182ème rang mondial à égalité avec Sainte-Lucie (81,3 millions de dollars). La part dans le monde était de 0,0008% et de 0,0022% en Asie.

La part de l'industrie dans l'économie des Maldives était de 6,3% dans les années 2000, se situant au 191ème rang mondial.

L'industrie par habitant aux Maldives était de 257 dollars dans les années 2000, se situant au 148ème rang mondial. L'industrie par habitant aux Maldives était 6,1 fois inférieure l'industrie par habitant au Monde (1 573,8 US$), et 3,7 fois inférieure l'industrie par habitant en Asie (951,8 US$).

La croissance de l'industrie aux Maldives était de 5.1% dans les années 2000, se classant au 46ème rang mondial, à égalité avec la Slovaquie (5,1%). La croissance de l'industrie aux Maldives (5,1%) a été supérieure à celle du monde (2,9%), et inférieure à celle de l'Asie (5,7%).

Comparaison avec les voisins. L'industrie des Maldives était inférieure à celle de l'Inde (179,9 milliards de dollars) et du Sri Lanka (6,4 milliards de dollars). L'industrie par habitant aux Maldives était supérieure à celle de l'Inde (158,0 de dollars); mais inférieure à celle du Sri Lanka (328,8 de dollars). La croissance de l'industrie aux Maldives était supérieure à celle du Sri Lanka (4,9%); mais inférieure à celle de l'Inde (7,0%).

Comparaison avec les leaders. Le secteur de l'industrie aux Maldives était inférieur à celui des États-Unis (2,1 billions de dollars), du Japon (1,1 billions de dollars), de la Chine (1,1 billions de dollars), de l'Allemagne (629,4 milliards de dollars) et du Royaume-Uni (345,1 milliards de dollars). L'industrie par habitant aux Maldives était inférieure à celle du Japon (8 848,8 de dollars), de l'Allemagne (7 732,1 de dollars), des États-Unis (7 144,5 de dollars), du Royaume-Uni (5 710,8 de dollars) et de la Chine (795,3 de dollars). La

Chapitre V. Industrie

croissance de l'industrie aux Maldives était supérieure à celle des États-Unis (1,5%), de l'Allemagne (0,19%), du Japon (0,15%) et du Royaume-Uni (-1,1%); mais inférieure à celle de la Chine (11,1%).

Les années 2010

L'industrie des Maldives était de 151,3 millions de dollars par an dans les années 2010, se classant au 181ème rang mondial à égalité avec l'Andorre (152,7 millions de dollars), Djibouti (154,9 millions de dollars). La part dans le monde était de 0,0009% et de 0,0019% en Asie.

La part de l'industrie dans l'économie des Maldives était de 4,4% dans les années 2010, se classant au 201ème rang mondial.

L'industrie par habitant aux Maldives était de 338.7 dollars dans les années 2010, au 159ème rang mondial, à égalité avec l'Inde (340,6 de dollars), la Moldavie (333,3 de dollars). L'industrie par habitant aux Maldives était 6,9 fois inférieur l'industrie par habitant au Monde (2 320,9 US$), et 5,5 fois inférieure l'industrie par habitant en Asie (1 847,0 US$).

La croissance de l'industrie aux Maldives était de 7.8% dans les années 2010, se classant au 19ème rang mondial, à égalité avec la Guinée (7,9%). La croissance de l'industrie aux Maldives (7,8%) a été supérieure à celle du monde (3,5%), et supérieure à celle de l'Asie (5,6%).

Comparaison avec les voisins. L'industrie des Maldives était 2 930,4 fois inférieure à celle de l'Inde (443,4 milliards de dollars) et 103,8 fois inférieure à celle du Sri Lanka (15,7 milliards de dollars). L'industrie par habitant aux Maldives était 2,2 fois inférieure à celle du Sri Lanka (754,3 de dollars) et 0,56% inférieure à celle de l'Inde (340,6 de dollars). La croissance de l'industrie aux Maldives était supérieure à celle de l'Inde (6,5%) et du Sri Lanka (4,2%).

Comparaison avec les leaders. Le secteur de l'industrie aux Maldives était 24 343,5 fois inférieur à celui de la Chine (3,7 billions de dollars), 18 120,5 fois inférieur à celui des États-Unis (2,7 billions de dollars), 7 867,9 fois inférieur à celui du Japon (1,2 billions de dollars), 5 551,7 fois inférieur à celui de l'Allemagne (840,0 milliards de dollars) et 2 930,4 fois inférieur à celui de l'Inde (443,4 milliards de dollars). L'industrie par habitant aux Maldives était 30,3 fois inférieure à celle de l'Allemagne (10 261,3 de dollars), 27,5 fois inférieure à celle du Japon (9 305,3 de dollars), 25,3 fois inférieure à celle des États-Unis (8 581,2 de dollars), 7,8 fois inférieure à celle de la Chine (2 626,2 de dollars) et 0,56% inférieure à celle de l'Inde (340,6 de dollars). La croissance de l'industrie aux Maldives était supérieure à celle de la Chine (7,5%), de l'Inde (6,5%), de l'Allemagne (3,2%), du Japon (2,6%) et des États-Unis (2,2%).

Chapitre 5.1. Fabrication

(ISIC D)

Le secteur de la fabrication aux Maldives est passé de 1,8 millions de dollars par an dans les années 1970 à 84,8 millions de dollars par an dans les années 2010, c'est-à-dire 83,0 millions de dollars ou de 47,4 fois. La variation a été de 44,9 millions de dollars en raison de l'augmentation de 2,1 fois des prix, et de 33,9 millions de dollars en raison de la croissance de productivité de 6,7 fois, et de 4,2 millions de dollars en raison de la croissance démographique. La croissance annuelle moyenne de l'industrie de transformation était de 7,5%. La valeur minimale était de 1,2 millions de dollars en 1977. La valeur maximale était de 115,1 millions de dollars en 2019.

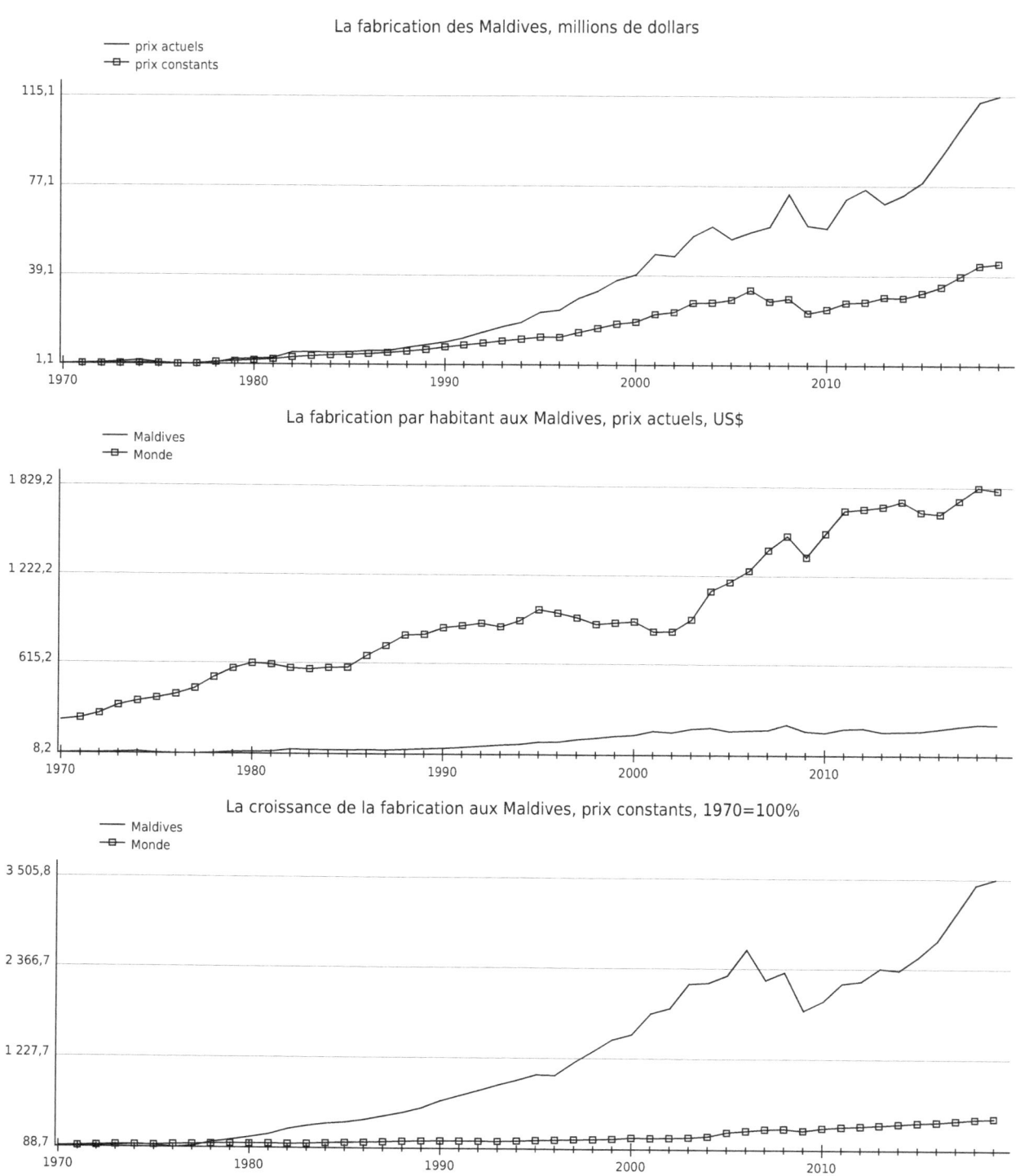

Chapitre 5.1. Fabrication

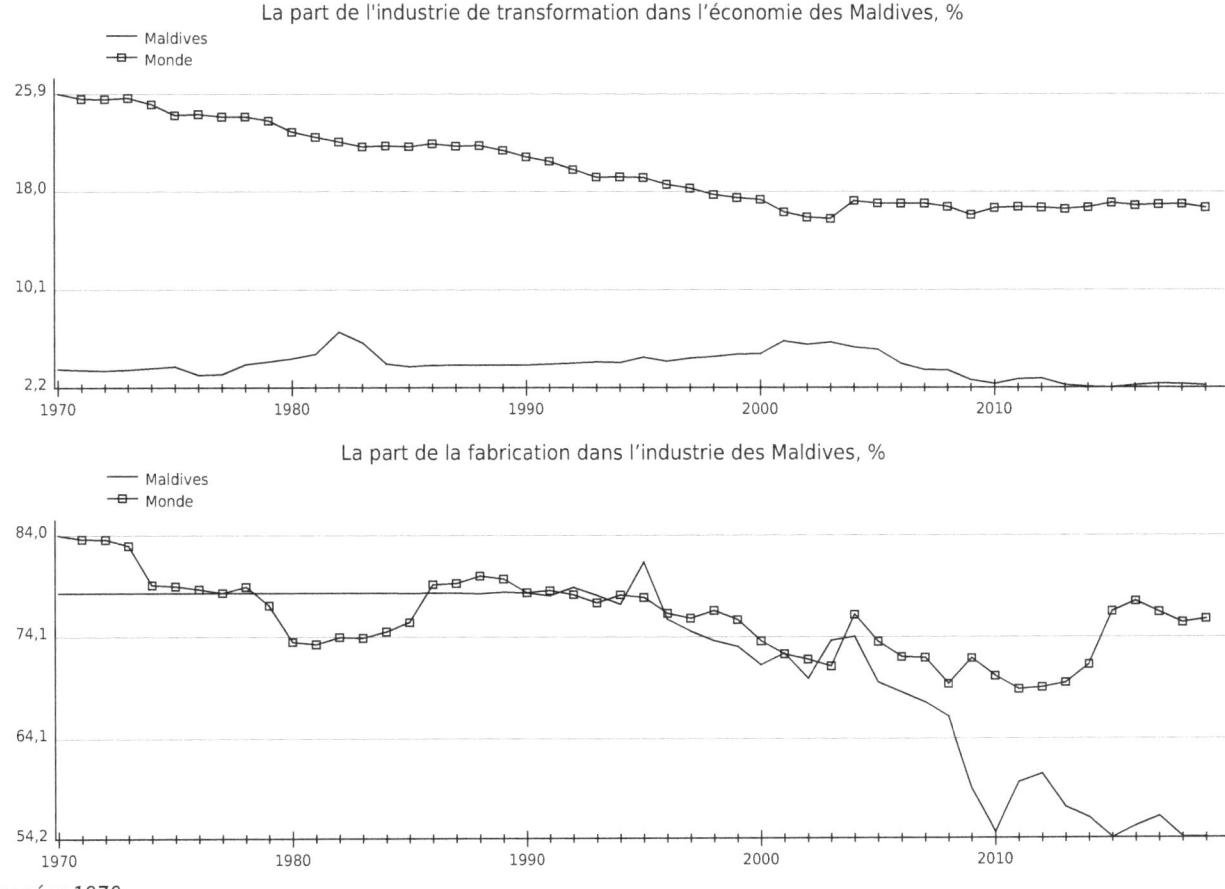

Les années 1970

La valeur ajoutée de la fabrication aux Maldives était de 1,8 millions de dollars par an dans les années 1970, au 168ème rang mondial. La part dans le monde était de 0,0001% et de 0,0007% en Asie.

La part de la fabrication dans l'économie des Maldives était de 3,7% dans les années 1970, se classant au 164ème rang mondial.

La fabrication par habitant aux Maldives était de 13.3 dollars dans les années 1970, au 164ème rang mondial. La fabrication par habitant aux Maldives était 28,8 fois inférieure la fabrication par habitant au Monde (383,2 US$), et 7,9 fois inférieure la fabrication par habitant en Asie (104,9 US$).

La croissance de la fabrication aux Maldives était de 7.2% dans les années 1970, se situant au 44ème rang mondial, à égalité avec Montserrat (7,2%). La croissance de la fabrication aux Maldives (7,2%) a été supérieure à celle du monde (3,8%), et supérieure à celle de l'Asie (5,6%).

Comparaison avec les voisins. La valeur de la fabrication aux Maldives était inférieure à celle de l'Inde (15,6 milliards de dollars) et du Sri Lanka (704,2 millions de dollars). La fabrication par habitant aux Maldives était inférieure à celle du Sri Lanka (51,7 de dollars) et de l'Inde (25,3 de dollars). La croissance de la fabrication aux Maldives était supérieure à celle du Sri Lanka (5,9%) et de l'Inde (4,5%).

Comparaison avec les leaders. Le secteur de l'industrie de transformation aux Maldives était inférieur à celui des États-Unis (378,0 milliards de dollars), de l'URSS (248,8 milliards de dollars), du Japon (169,3 milliards de dollars), de l'Allemagne (138,0 milliards de dollars) et de la France (64,5 milliards de dollars). La fabrication par habitant aux Maldives était inférieure à celle de l'Allemagne (1 752,1 de dollars), des États-Unis (1 731,8 de dollars), du Japon (1 520,6 de dollars), de la France (1 203,0 de dollars) et de l'URSS (986,6 de dollars). La croissance de la fabrication aux Maldives était supérieure à celle de l'URSS (5,2%), du Japon (4,5%), de la France (3,5%), des États-Unis (2,7%) et de l'Allemagne (2,1%).

Les années 1980

La fabrication des Maldives était de 6,4 millions de dollars par an dans les années 1980, se situant au 167ème rang mondial à égalité avec les Îles Caïmans (6,5 millions de dollars), la Dominique (6,4 millions de dollars). La part dans le monde était de 0,0002% et de

0,0009% en Asie.

La part de l'industrie de transformation dans l'économie des Maldives était de 4,4% dans les années 1980, au 162ème rang mondial, à égalité avec l'Andorre (4,4%), les Kiribati (4,4%), les Îles Turks-et-Caïcos (4,4%).

La fabrication par habitant aux Maldives était de 34.5 dollars dans les années 1980, au 154ème rang mondial, à égalité avec le Liberia (34,2 de dollars). La fabrication par habitant aux Maldives était 19,1 fois inférieure la fabrication par habitant au Monde (661,2 US$), et 7,4 fois inférieure la fabrication par habitant en Asie (256,6 US$).

La croissance de l'industrie de transformation aux Maldives était de 12.2% dans les années 1980, au 10ème rang mondial. La croissance de la fabrication aux Maldives (12,2%) a été supérieure à celle du monde (2,6%), et supérieure à celle de l'Asie (5,4%).

Comparaison avec les voisins. La valeur de l'industrie de transformation aux Maldives était inférieure à celle de l'Inde (39,1 milliards de dollars) et du Sri Lanka (1,0 milliards de dollars). La fabrication par habitant aux Maldives était inférieure à celle du Sri Lanka (62,7 de dollars) et de l'Inde (50,4 de dollars). La croissance de la fabrication aux Maldives était supérieure à celle de l'Inde (6,9%) et du Sri Lanka (3,0%).

Comparaison avec les leaders. La valeur ajoutée de la fabrication aux Maldives était inférieure à celle des États-Unis (789,4 milliards de dollars), du Japon (501,0 milliards de dollars), de l'URSS (305,7 milliards de dollars), de l'Allemagne (258,7 milliards de dollars) et de l'Italie (134,1 milliards de dollars). La fabrication par habitant aux Maldives était inférieure à celle du Japon (4 131,0 de dollars), de l'Allemagne (3 316,0 de dollars), des États-Unis (3 296,4 de dollars), de l'Italie (2 359,9 de dollars) et de l'URSS (1 110,8 de dollars). La croissance de la fabrication aux Maldives était supérieure à celle de l'URSS (5,3%), du Japon (4,4%), de l'Italie (2,5%), des États-Unis (1,9%) et de l'Allemagne (1,2%).

Les années 1990

La valeur de l'industrie de transformation aux Maldives était de 22,1 millions de dollars par an dans les années 1990, se situant au 183ème rang mondial. La part dans le monde était de 0,0004% et de 0,0014% en Asie.

La part de la fabrication dans l'économie des Maldives était de 4,5% dans les années 1990, se classant au 183ème rang mondial, à égalité avec les Îles Turks-et-Caïcos (4,4%).

La fabrication par habitant aux Maldives était de 88.4 dollars dans les années 1990, se classant au 146ème rang mondial, à égalité avec la Gambie (88,7 de dollars), le Kirghizistan (87,8 de dollars), l'Ouzbékistan (87,7 de dollars). La fabrication par habitant aux Maldives était 10,3 fois inférieure la fabrication par habitant au Monde (908,4 US$), et 5,2 fois inférieure la fabrication par habitant en Asie (456,2 US$).

La croissance de la fabrication aux Maldives était de 9.5% dans les années 1990, se classant au 17ème rang mondial. La croissance de la fabrication aux Maldives (9,5%) a été supérieure à celle du monde (2,0%), et supérieure à celle de l'Asie (3,5%).

Comparaison avec les voisins. La valeur ajoutée de la fabrialtion aux Maldives était inférieure à celle de l'Inde (59,6 milliards de dollars) et du Sri Lanka (2,4 milliards de dollars). La fabrication par habitant aux Maldives était supérieure à celle de l'Inde (62,4 de dollars); mais inférieure à celle du Sri Lanka (131,9 de dollars). La croissance de la fabrication aux Maldives était supérieure à celle du Sri Lanka (7,8%) et de l'Inde (5,8%).

Comparaison avec les leaders. La valeur ajoutée de la fabrication aux Maldives était inférieure à celle des États-Unis (1,2 billions de dollars), du Japon (1,0 billions de dollars), de l'Allemagne (468,8 milliards de dollars), de l'Italie (227,8 milliards de dollars) et de la France (215,0 milliards de dollars). La fabrication par habitant aux Maldives était inférieure à celle du Japon (8 305,2 de dollars), de l'Allemagne (5 813,5 de dollars), des États-Unis (4 707,3 de dollars), de l'Italie (3 994,1 de dollars) et de la France (3 621,1 de dollars). La croissance de la fabrication aux Maldives était supérieure à celle des États-Unis (3,2%), de la France (2,4%), de l'Italie (1,2%), du Japon (1,1%) et de l'Allemagne (0,26%).

Les années 2000

Le secteur de la fabrication aux Maldives était de 55,7 millions de dollars par an dans les années 2000, se situant au 180ème rang mondial. La part dans le monde était de 0,0008% et de 0,0021% en Asie.

La part de l'industrie de transformation dans l'économie des Maldives était de 4,3% dans les années 2000, se situant au 184ème rang mondial, à égalité avec la Syrie (4,4%), Sainte-Lucie (4,4%).

Chapitre 5.1. Fabrication

La fabrication par habitant aux Maldives était de 176.7 dollars dans les années 2000, se situant au 135ème rang mondial, à égalité avec la Mélanésie (176,8 de dollars), le Guyana (177,2 de dollars). La fabrication par habitant aux Maldives était 6,4 fois inférieure la fabrication par habitant au Monde (1 138,1 US$), et 3,7 fois inférieure la fabrication par habitant en Asie (659,1 US$).

La croissance de l'industrie de transformation aux Maldives était de 2.3% dans les années 2000, se classant au 115ème rang mondial, à égalité avec l'Eswatini (2,3%), le Brésil (2,3%). La croissance de l'industrie de transformation aux Maldives (2,3%) a été inférieure à celle du monde (4,2%), et inférieure à celle de l'Asie (10,5%).

Comparaison avec les voisins. La valeur ajoutée de l'industrie de transformation aux Maldives était inférieure à celle de l'Inde (136,8 milliards de dollars) et du Sri Lanka (5,4 milliards de dollars). La fabrication par habitant aux Maldives était supérieure à celle de l'Inde (120,2 de dollars); mais inférieure à celle du Sri Lanka (279,5 de dollars). La croissance de l'industrie de transformation aux Maldives était inférieure à celle de l'Inde (8,0%) et du Sri Lanka (4,3%).

Comparaison avec les leaders. La fabrication des Maldives était inférieure à celle des États-Unis (1,6 billions de dollars), de la Chine (1,1 billions de dollars), du Japon (992,9 milliards de dollars), de l'Allemagne (551,4 milliards de dollars) et de l'Italie (277,2 milliards de dollars). La fabrication par habitant aux Maldives était inférieure à celle du Japon (7 746,3 de dollars), de l'Allemagne (6 773,6 de dollars), des États-Unis (5 600,5 de dollars), de l'Italie (4 780,8 de dollars) et de la Chine (815,3 de dollars). La croissance de l'industrie de transformation aux Maldives était supérieure à celle des États-Unis (1,6%), du Japon (0,32%), de l'Allemagne (0,097%) et de l'Italie (-1,3%).

Les années 2010

La valeur de l'industrie de transformation aux Maldives était de 84,8 millions de dollars par an dans les années 2010, au 181ème rang mondial. La part dans le monde était de 0,0007% et de 0,0014% en Asie.

La part de la fabrication dans l'économie des Maldives était de 2,4% dans les années 2010, se classant au 193ème rang mondial.

La fabrication par habitant aux Maldives était de 189.7 dollars dans les années 2010, se classant au 155ème rang mondial, à égalité avec l'Algérie (189,0 de dollars), le Cambodge (186,8 de dollars). La fabrication par habitant aux Maldives était 8,9 fois inférieure la fabrication par habitant au Monde (1 697,4 US$), et 7,4 fois inférieure la fabrication par habitant en Asie (1 401,2 US$).

La croissance de l'industrie de transformation aux Maldives était de 6.7% dans les années 2010, se situant au 27ème rang mondial. La croissance de l'industrie de transformation aux Maldives (6,7%) a été supérieure à celle du monde (3,9%), et supérieure à celle de l'Asie (6,0%).

Comparaison avec les voisins. La valeur de la fabrication aux Maldives était 3 997,9 fois inférieure à celle de l'Inde (338,9 milliards de dollars) et 153,6 fois inférieure à celle du Sri Lanka (13,0 milliards de dollars). La fabrication par habitant aux Maldives était 3,3 fois inférieure à celle du Sri Lanka (625,0 de dollars) et 27,1% inférieure à celle de l'Inde (260,3 de dollars). La croissance de l'industrie de transformation aux Maldives était supérieure à celle du Sri Lanka (3,6%); mais inférieure à celle de l'Inde (7,0%).

Comparaison avec les leaders. Le secteur de la fabrication aux Maldives était 36 752,4 fois inférieur à celui de la Chine (3,1 billions de dollars), 24 428,3 fois inférieur à celui des États-Unis (2,1 billions de dollars), 12 506,0 fois inférieur à celui du Japon (1,1 billions de dollars), 8 673,8 fois inférieur à celui de l'Allemagne (735,2 milliards de dollars) et 4 607,3 fois inférieur à celui de la Corée du Sud (390,5 milliards de dollars). La fabrication par habitant aux Maldives était 47,3 fois inférieure à celle de l'Allemagne (8 981,7 de dollars), 43,7 fois inférieure à celle du Japon (8 286,2 de dollars), 40,7 fois inférieure à celle de la Corée du Sud (7 723,3 de dollars), 34,2 fois inférieure à celle des États-Unis (6 481,0 de dollars) et 11,7 fois inférieure à celle de la Chine (2 221,3 de dollars). La croissance de la fabrication aux Maldives était supérieure à celle de la Corée du Sud (3,8%), de l'Allemagne (3,5%), du Japon (3,0%) et des États-Unis (1,9%); mais inférieure à celle de la Chine (7,5%).

Chapitre VI. Construction

(ISIC F)

La construction des Maldives est passé de 1,7 millions de dollars par an dans les années 1970 à 267,1 millions de dollars par an dans les années 2010, c'est-à-dire 265,4 millions de dollars ou de 158,6 fois. La variation a été de 169,7 millions de dollars en raison de l'augmentation de 2,7 fois des prix, et de 91,8 millions de dollars en raison de la croissance de productivité de 17,4 fois, et de 3,9 millions de dollars en raison de la croissance démographique. La croissance annuelle moyenne de la construction était de 10,0%. La valeur minimale était de 508 944,0 de dollars en 1976. La valeur maximale était de 471,4 millions de dollars en 2018.

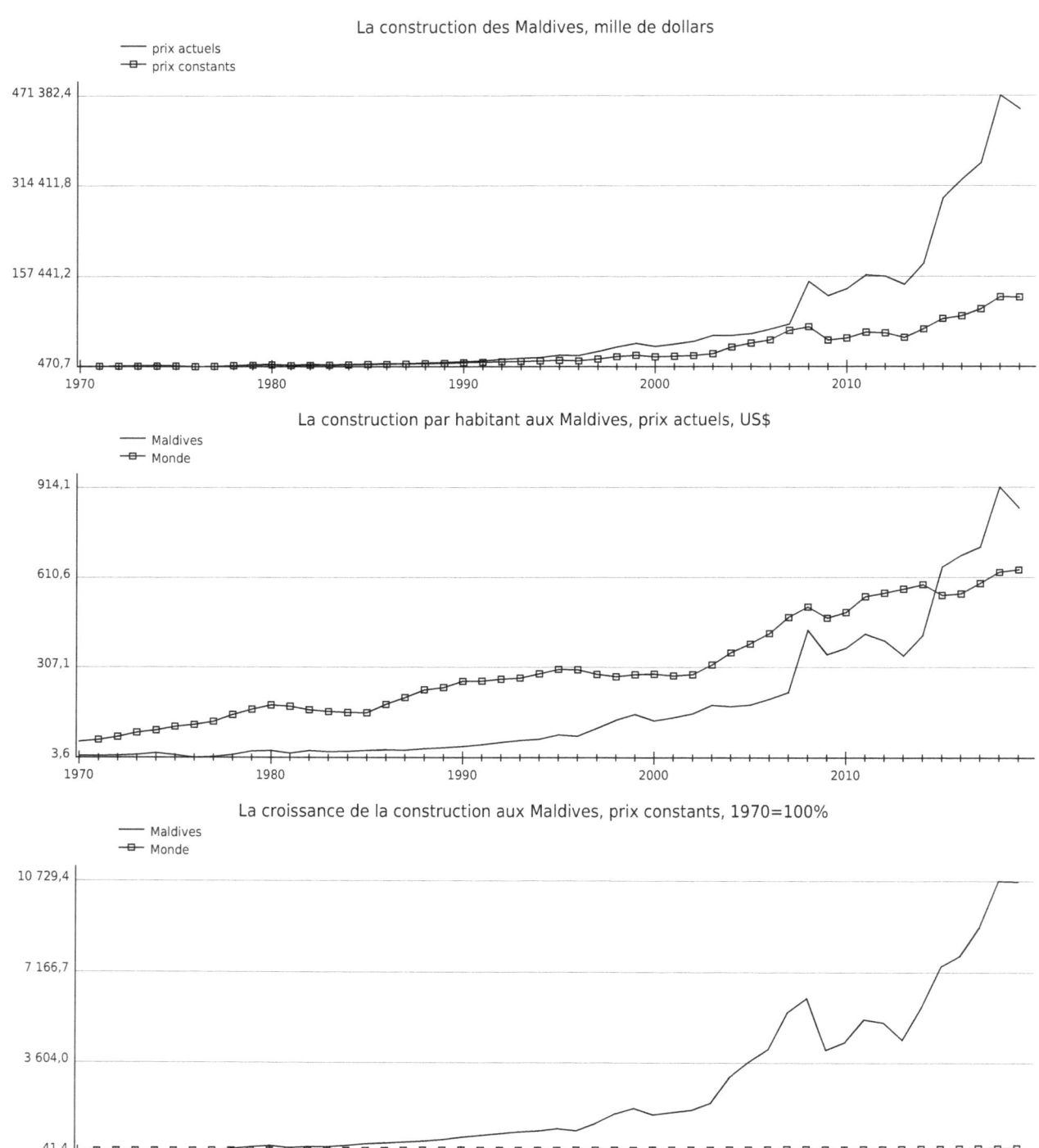

Chapitre VI. Construction

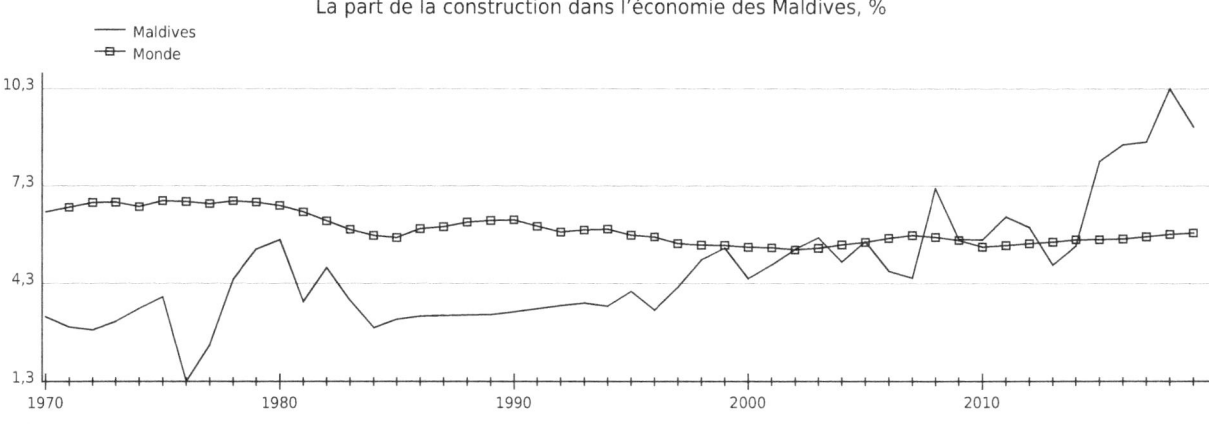

Les années 1970

La construction des Maldives était de 1,7 millions de dollars par an dans les années 1970, se situant au 173ème rang mondial à égalité avec Micronésie (1,7 millions de dollars). La part dans le monde était de 0,0004% et de 0,0021% en Asie.

La part de la construction dans l'économie des Maldives était de 3,5% dans les années 1970, se classant au 152ème rang mondial, à égalité avec Madagascar (3,5%).

La construction par habitant aux Maldives était de 12.5 dollars dans les années 1970, se classant au 149ème rang mondial, à égalité avec la république du Congo (12,7 de dollars), l'Égypte (12,3 de dollars). La construction par habitant aux Maldives était 8,5 fois inférieure la construction par habitant au Monde (106,1 US$), et 2,7 fois inférieure la construction par habitant en Asie (34,4 US$).

La croissance de la construction aux Maldives était de 11.3% dans les années 1970, se classant au 24ème rang mondial, à égalité avec la Malaisie (11,2%), la Corée du Sud (11,3%), le Burundi (11,3%). La croissance de la construction aux Maldives (11,3%) a été supérieure à celle du monde (2,1%), et supérieure à celle de l'Asie (5,1%).

Comparaison avec les voisins. La valeur ajoutée de la construction aux Maldives était inférieure à celle de l'Inde (4,3 milliards de dollars) et du Sri Lanka (128,8 millions de dollars). La construction par habitant aux Maldives était supérieure à celle du Sri Lanka (9,5 de dollars) et de l'Inde (7,0 de dollars). La croissance de la construction aux Maldives était supérieure à celle du Sri Lanka (2,7%) et de l'Inde (2,0%).

Comparaison avec les leaders. La valeur ajoutée de la construction aux Maldives était inférieure à celle des États-Unis (81,1 milliards de dollars), de l'URSS (52,5 milliards de dollars), du Japon (43,5 milliards de dollars), de l'Allemagne (33,8 milliards de dollars) et de la France (22,4 milliards de dollars). La construction par habitant aux Maldives était inférieure à celle de l'Allemagne (428,6 de dollars), de la France (417,3 de dollars), du Japon (390,8 de dollars), des États-Unis (371,5 de dollars) et de l'URSS (208,1 de dollars). La croissance de la construction aux Maldives était supérieure à celle de l'URSS (6,5%), du Japon (3,4%), de la France (2,0%), de l'Allemagne (0,66%) et des États-Unis (0,31%).

Les années 1980

La construction des Maldives était de 5,3 millions de dollars par an dans les années 1980, au 170ème rang mondial. La part dans le monde était de 0,0006% et de 0,0022% en Asie.

La part de la construction dans l'économie des Maldives était de 3,6% dans les années 1980, au 146ème rang mondial, à égalité avec le Liberia (3,6%), le Burkina Faso (3,6%), Nauru (3,6%).

La construction par habitant aux Maldives était de 28.2 dollars dans les années 1980, se situant au 137ème rang mondial, à égalité avec le Guatemala (28,2 de dollars). La construction par habitant aux Maldives était 6,6 fois inférieure la construction par habitant au Monde (186,2 US$), et 3,0 fois inférieure la construction par habitant en Asie (83,3 US$).

La croissance de la construction aux Maldives était de 7.8% dans les années 1980, au 18ème rang mondial. La croissance de la construction aux Maldives (7,8%) a été supérieure à celle du monde (1,7%), et supérieure à celle de l'Asie (2,7%).

Comparaison avec les voisins. La valeur de la construction aux Maldives était inférieure à celle de l'Inde (11,7 milliards de dollars) et du Sri Lanka (341,0 millions de dollars). La construction par habitant aux Maldives était supérieure à celle du Sri Lanka (21,2 de dollars) et de l'Inde (15,1 de dollars). La croissance de la construction aux Maldives était supérieure à celle de l'Inde (5,0%) et du Sri Lanka (4,7%).

Comparaison avec les leaders. La valeur ajoutée de la construction aux Maldives était inférieure à celle des États-Unis (180,6 milliards de dollars), du Japon (138,7 milliards de dollars), de l'URSS (72,1 milliards de dollars), de l'Allemagne (57,8 milliards de dollars) et de la France (42,5 milliards de dollars). La construction par habitant aux Maldives était inférieure à celle du Japon (1 143,9 de dollars), des États-Unis (754,4 de dollars), de la France (751,9 de dollars), de l'Allemagne (740,2 de dollars) et de l'URSS (262,0 de dollars). La croissance de la construction aux Maldives était supérieure à celle de l'URSS (6,2%), du Japon (2,1%), des États-Unis (1,1%), de la France (0,67%) et de l'Allemagne (-0,52%).

Les années 1990

La valeur de la construction aux Maldives était de 20,8 millions de dollars par an dans les années 1990, au 187ème rang mondial à égalité avec la Guinée-Bissau (21,3 millions de dollars), les Seychelles (21,3 millions de dollars). La part dans le monde était de 0,0013% et de 0,0038% en Asie.

La part de la construction dans l'économie des Maldives était de 4,2% dans les années 1990, se situant au 151ème rang mondial.

La construction par habitant aux Maldives était de 83.4 dollars dans les années 1990, se situant au 116ème rang mondial. La construction par habitant aux Maldives était 3,3 fois inférieure la construction par habitant au Monde (278,6 US$), et 47,5% inférieure la construction par habitant en Asie (158,8 US$).

La croissance de la construction aux Maldives était de 12.5% dans les années 1990, au 12ème rang mondial. La croissance de la construction aux Maldives (12,5%) a été supérieure à celle du monde (0,71%), et supérieure à celle de l'Asie (2,3%).

Comparaison avec les voisins. La valeur de la construction aux Maldives était inférieure à celle de l'Inde (18,9 milliards de dollars) et du Sri Lanka (641,7 millions de dollars). La construction par habitant aux Maldives était supérieure à celle du Sri Lanka (35,5 de dollars) et de l'Inde (19,8 de dollars). La croissance de la construction aux Maldives était supérieure à celle du Sri Lanka (5,7%) et de l'Inde (5,6%).

Comparaison avec les leaders. La valeur de la construction aux Maldives était inférieure à celle du Japon (343,2 milliards de dollars), des États-Unis (299,1 milliards de dollars), de l'Allemagne (125,2 milliards de dollars), du Royaume-Uni (69,8 milliards de dollars) et de la France (68,8 milliards de dollars). La construction par habitant aux Maldives était inférieure à celle du Japon (2 721,7 de dollars), de l'Allemagne (1 552,3 de dollars), du Royaume-Uni (1 205,1 de dollars), de la France (1 158,8 de dollars) et des États-Unis (1 131,2 de dollars). La croissance de la construction aux Maldives était supérieure à celle des États-Unis (1,8%), de l'Allemagne (-0,047%), du Royaume-Uni (-0,34%), de la France (-0,65%) et du Japon (-1,0%).

Les années 2000

La valeur de la construction aux Maldives était de 70,1 millions de dollars par an dans les années 2000, se classant au 176ème rang mondial à égalité avec la Somalie (71,0 millions de dollars). La part dans le monde était de 0,0028% et de 0,0097% en Asie.

La part de la construction dans l'économie des Maldives était de 5,5% dans les années 2000, se classant au 121ème rang mondial, à égalité avec l'Amérique du Sud (5,4%), l'Est (5,5%), les Bahamas (5,4%).

La construction par habitant aux Maldives était de 222.3 dollars dans les années 2000, au 100ème rang mondial, à égalité avec l'Équateur (220,6 de dollars), Cuba (219,4 de dollars), le Guyana (225,4 de dollars). La construction par habitant aux Maldives était 41,7% inférieure la construction par habitant au Monde (381,3 US$), et 22,2% supérieure la construction par habitant en Asie (181,9 US$).

La croissance de la construction aux Maldives était de 8.6% dans les années 2000, se situant au 55ème rang mondial, à égalité avec l'Asie du Sud (8,5%), Djibouti (8,6%), Sierra Leone (8,6%). La croissance de la construction aux Maldives (8,6%) a été supérieure à celle du monde (1,5%), et supérieure à celle de l'Asie (4,4%).

Comparaison avec les voisins. La valeur ajoutée de la construction aux Maldives était inférieure à celle de l'Inde (66,2 milliards de dollars) et du Sri Lanka (1,4 milliards de dollars). La construction par habitant aux Maldives était supérieure à celle du Sri Lanka (73,0 de dollars) et de l'Inde (58,2 de dollars). La croissance de la construction aux Maldives était supérieure à celle du Sri Lanka (5,9%); mais inférieure à celle de l'Inde (9,3%).

Chapitre VI. Construction

Comparaison avec les leaders. La construction des Maldives était inférieure à celle des États-Unis (583,0 milliards de dollars), du Japon (270,5 milliards de dollars), de la Chine (150,1 milliards de dollars), du Royaume-Uni (132,1 milliards de dollars) et de l'Espagne (111,8 milliards de dollars). La construction par habitant aux Maldives était supérieure à celle de la Chine (113,1 de dollars); mais inférieure à celle de l'Espagne (2 560,2 de dollars), du Royaume-Uni (2 186,4 de dollars), du Japon (2 110,1 de dollars) et des États-Unis (1 983,7 de dollars). La croissance de la construction aux Maldives était supérieure à celle de l'Espagne (1,7%), du Royaume-Uni (0,17%), des États-Unis (-2,6%) et du Japon (-3,9%); mais inférieure à celle de la Chine (11,9%).

Les années 2010

La valeur ajoutée de la construction aux Maldives était de 267,1 millions de dollars par an dans les années 2010, se classant au 158ème rang mondial à égalité avec la Barbade (262,2 millions de dollars). La part dans le monde était de 0,0064% et de 0,015% en Asie.

La part de la construction dans l'économie des Maldives était de 7,7% dans les années 2010, au 56ème rang mondial, à égalité avec la Pologne (7,7%).

La construction par habitant aux Maldives était de 597.8 dollars dans les années 2010, au 79ème rang mondial, à égalité avec la Croatie (593,1 de dollars), l'Azerbaïdjan (587,0 de dollars). La construction par habitant aux Maldives était 4,5% supérieure la construction par habitant au Monde (572,1 US$), et 52,1% supérieure la construction par habitant en Asie (392,9 US$).

La croissance de la construction aux Maldives était de 10% dans les années 2010, se classant au 16ème rang mondial. La croissance de la construction aux Maldives (10,0%) a été supérieure à celle du monde (2,9%), et supérieure à celle de l'Asie (5,6%).

Comparaison avec les voisins. Le secteur de la construction aux Maldives était 629,4 fois inférieur à celui de l'Inde (168,1 milliards de dollars) et 20,9 fois inférieur à celui du Sri Lanka (5,6 milliards de dollars). La construction par habitant aux Maldives était 2,2 fois supérieure à celle du Sri Lanka (268,0 de dollars) et 4,6 fois supérieure à celle de l'Inde (129,1 de dollars). La croissance de la construction aux Maldives était supérieure à celle du Sri Lanka (8,3%) et de l'Inde (5,2%).

Comparaison avec les leaders. La valeur ajoutée de la construction aux Maldives était 2 737,6 fois inférieure à celle de la Chine (731,1 milliards de dollars), 2 549,2 fois inférieure à celle des États-Unis (680,8 milliards de dollars), 1 043,4 fois inférieure à celle du Japon (278,7 milliards de dollars), 629,4 fois inférieure à celle de l'Inde (168,1 milliards de dollars) et 573,8 fois inférieure à celle de l'Allemagne (153,2 milliards de dollars). La construction par habitant aux Maldives était 14,7% supérieure à celle de la Chine (521,3 de dollars) et 4,6 fois supérieure à celle de l'Inde (129,1 de dollars); mais 3,6 fois inférieure à celle du Japon (2 178,3 de dollars), 3,6 fois inférieure à celle des États-Unis (2 130,9 de dollars) et 3,1 fois inférieure à celle de l'Allemagne (1 871,9 de dollars). La croissance de la construction aux Maldives était supérieure à celle de la Chine (8,2%), de l'Inde (5,2%), de l'Allemagne (1,8%), du Japon (1,7%) et des États-Unis (1,4%).

Chapitre VII. Transport

Transport et stockage (ISIC I)

La valeur du transport aux Maldives est passé de 7,3 millions de dollars par an dans les années 1970 à 377,4 millions de dollars par an dans les années 2010, c'est-à-dire 370,1 millions de dollars ou de 51,5 fois. La variation a été de 206,8 millions de dollars en raison de l'augmentation de 2,2 fois des prix, et de 146,3 millions de dollars en raison de la croissance de productivité de 7,0 fois, et de 17,1 millions de dollars en raison de la croissance démographique. La croissance annuelle moyenne du transport était de 7,7%. La valeur minimale était de -6,5 millions de dollars en 1982. La valeur maximale était de 481,2 millions de dollars en 2019.

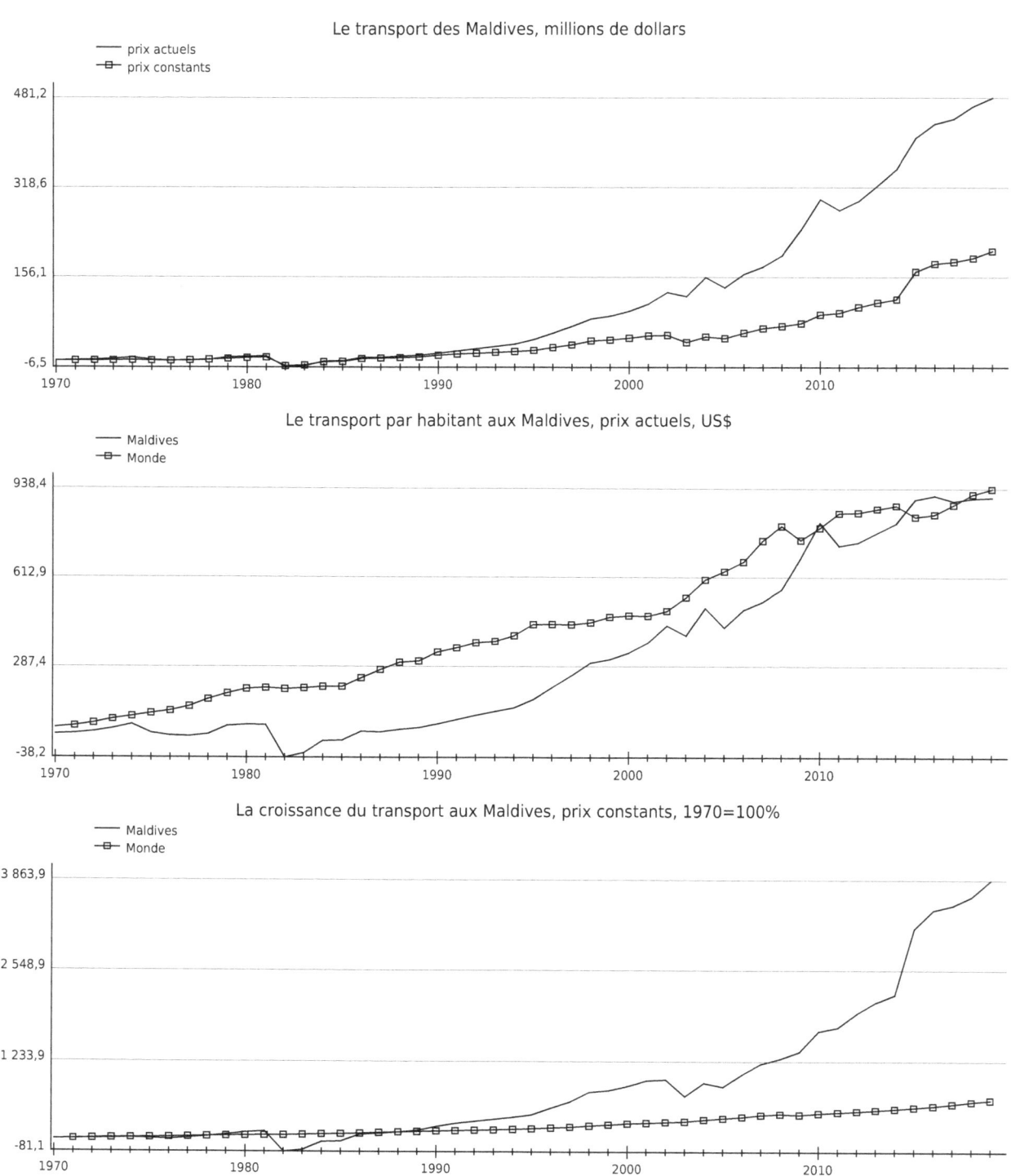

Chapitre VII. Transport

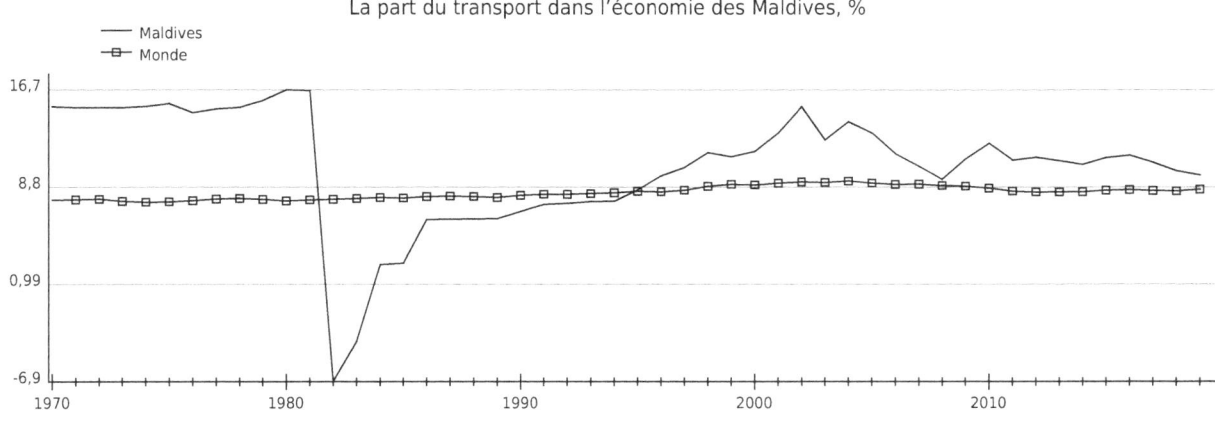

Les années 1970

La valeur ajoutée du transport aux Maldives était de 7,3 millions de dollars par an dans les années 1970, se situant au 155ème rang mondial à égalité avec la République centrafricaine (7,2 millions de dollars). La part dans le monde était de 0,0015% et de 0,0092% en Asie.

La part du transport dans l'économie des Maldives était de 15,4% dans les années 1970, au 4ème rang mondial, à égalité avec d'Antigua-et-Barbuda (15,4%).

Le transport par habitant aux Maldives était de 54.6 dollars dans les années 1970, au 96ème rang mondial, à égalité avec la Colombie (55,1 de dollars), l'Amérique du Sud (54,0 de dollars), Maurice (55,4 de dollars). Le transport par habitant aux Maldives était 2,2 fois inférieur le transport par habitant au Monde (122,3 US$), et 59,0% supérieur le transport par habitant en Asie (34,3 US$).

La croissance du transport aux Maldives était de 5.8% dans les années 1970, se situant au 85ème rang mondial, à égalité avec l'Islande (5,8%), l'Autriche (5,9%). La croissance du transport aux Maldives (5,8%) a été supérieure à celle du monde (4,6%), et supérieure à celle de l'Asie (4,1%).

Comparaison avec les voisins. La valeur du transport aux Maldives était inférieure à celle de l'Inde (3,5 milliards de dollars) et du Sri Lanka (292,2 millions de dollars). Le transport par habitant aux Maldives était supérieur à celui du Sri Lanka (21,4 de dollars) et de l'Inde (5,7 de dollars). La croissance du transport aux Maldives était supérieure à celle du Sri Lanka (4,6%); mais inférieure à celle de l'Inde (6,1%).

Comparaison avec les leaders. Le secteur du transport aux Maldives était inférieur à celui des États-Unis (168,6 milliards de dollars), du Japon (46,4 milliards de dollars), de l'Allemagne (29,6 milliards de dollars), de l'URSS (28,8 milliards de dollars) et de la France (24,0 milliards de dollars). Le transport par habitant aux Maldives était inférieur à celui des États-Unis (772,4 de dollars), de la France (447,4 de dollars), du Japon (416,6 de dollars), de l'Allemagne (376,1 de dollars) et de l'URSS (114,0 de dollars). La croissance du transport aux Maldives était supérieure à celle des États-Unis (4,2%), de la France (4,1%), de l'Allemagne (3,0%) et du Japon (1,7%); mais inférieure à celle de l'URSS (8,1%).

Les années 1980

La valeur du transport aux Maldives était de 9,2 millions de dollars par an dans les années 1980, se situant au 169ème rang mondial à égalité avec le Bhoutan (9,1 millions de dollars). La part dans le monde était de 0,0008% et de 0,0037% en Asie.

La part du transport dans l'économie des Maldives était de 6,3% dans les années 1980, se classant au 116ème rang mondial, à égalité avec l'Éthiopie (6,3%), l'Allemagne (6,2%), le Paraguay (6,2%).

Le transport par habitant aux Maldives était de 49.3 dollars dans les années 1980, se situant au 130ème rang mondial. Le transport par habitant aux Maldives était 4,9 fois inférieur le transport par habitant au Monde (242,0 US$), et 43,2% inférieur le transport par habitant en Asie (86,8 US$).

La croissance du transport aux Maldives était de 3% dans les années 1980, se classant au 116ème rang mondial, à égalité avec l'Europe de l'Ouest (3,0%), la Hongrie (3,0%), la Nouvelle-Zélande (3,0%). La croissance du transport aux Maldives (3,0%) a été inférieure à celle du monde (3,4%), et inférieure à celle de l'Asie (5,2%).

Comparaison avec les voisins. La valeur ajoutée du transport aux Maldives était inférieure à celle de l'Inde (10,6 milliards de dollars) et du Sri Lanka (579,3 millions de dollars). Le transport par habitant aux Maldives était supérieur à celui du Sri Lanka (36,0 de dollars) et de l'Inde (13,7 de dollars). La croissance du transport aux Maldives était inférieure à celle de l'Inde (7,1%) et du Sri Lanka (4,8%).

Comparaison avec les leaders. La valeur du transport aux Maldives était inférieure à celle des États-Unis (394,9 milliards de dollars), du Japon (147,7 milliards de dollars), de l'Allemagne (56,6 milliards de dollars), de la France (56,2 milliards de dollars) et du Royaume-Uni (53,0 milliards de dollars). Le transport par habitant aux Maldives était inférieur à celui des États-Unis (1 649,2 de dollars), du Japon (1 217,8 de dollars), de la France (993,7 de dollars), du Royaume-Uni (938,7 de dollars) et de l'Allemagne (725,5 de dollars). La croissance du transport aux Maldives était supérieure à celle du Royaume-Uni (3,0%) et de l'Allemagne (1,8%); mais inférieure à celle de la France (5,4%), du Japon (4,7%) et des États-Unis (3,6%).

Les années 1990

Le secteur du transport aux Maldives était de 46,6 millions de dollars par an dans les années 1990, se situant au 176ème rang mondial à égalité avec le Rwanda (47,0 millions de dollars). La part dans le monde était de 0,0020% et de 0,0076% en Asie.

La part du transport dans l'économie des Maldives était de 9,4% dans les années 1990, se situant au 71ème rang mondial, à égalité avec l'Australasie (9,4%), la Bulgarie (9,4%), Monaco (9,4%).

Le transport par habitant aux Maldives était de 186.4 dollars dans les années 1990, au 96ème rang mondial, à égalité avec le Cap-Vert (187,6 de dollars), Cuba (188,6 de dollars). Le transport par habitant aux Maldives était 2,2 fois inférieur le transport par habitant au Monde (409,5 US$), et 5,2% supérieur le transport par habitant en Asie (177,2 US$).

La croissance du transport aux Maldives était de 13.8% dans les années 1990, se classant au 7ème rang mondial. La croissance du transport aux Maldives (13,8%) a été supérieure à celle du monde (4,0%), et supérieure à celle de l'Asie (5,4%).

Comparaison avec les voisins. La valeur du transport aux Maldives était inférieure à celle de l'Inde (21,1 milliards de dollars) et du Sri Lanka (1,2 milliards de dollars). Le transport par habitant aux Maldives était supérieur à celui du Sri Lanka (67,7 de dollars) et de l'Inde (22,1 de dollars). La croissance du transport aux Maldives était supérieure à celle de l'Inde (7,7%) et du Sri Lanka (5,1%).

Comparaison avec les leaders. Le secteur du transport aux Maldives était inférieur à celui des États-Unis (702,6 milliards de dollars), du Japon (373,9 milliards de dollars), de l'Allemagne (144,3 milliards de dollars), de la France (118,7 milliards de dollars) et du Royaume-Uni (117,6 milliards de dollars). Le transport par habitant aux Maldives était inférieur à celui du Japon (2 965,8 de dollars), des États-Unis (2 656,9 de dollars), du Royaume-Uni (2 031,3 de dollars), de la France (1 999,2 de dollars) et de l'Allemagne (1 789,0 de dollars). La croissance du transport aux Maldives était supérieure à celle des États-Unis (5,0%), de la France (4,8%), du Royaume-Uni (4,7%), de l'Allemagne (3,9%) et du Japon (3,0%).

Les années 2000

La valeur du transport aux Maldives était de 151,5 millions de dollars par an dans les années 2000, se situant au 165ème rang mondial à égalité avec le Suriname (152,0 millions de dollars). La part dans le monde était de 0,0038% et de 0,014% en Asie.

La part du transport dans l'économie des Maldives était de 11,8% dans les années 2000, au 36ème rang mondial, à égalité avec Maurice (11,8%), le Kazakhstan (11,8%), le Yémen (11,7%).

Le transport par habitant aux Maldives était de 480.4 dollars dans les années 2000, au 83ème rang mondial. Le transport par habitant aux Maldives était 22,6% inférieur le transport par habitant au Monde (621,1 US$), et 81,5% supérieur le transport par habitant en Asie (264,8 US$).

La croissance du transport aux Maldives était de 5.4% dans les années 2000, se classant au 100ème rang mondial, à égalité avec la Macédoine du Nord (5,4%), l'Asie (5,4%). La croissance du transport aux Maldives (5,4%) a été supérieure à celle du monde (3,9%), et inférieure à celle de l'Asie (5,4%).

Comparaison avec les voisins. Le transport des Maldives était inférieur à celui de l'Inde (55,5 milliards de dollars) et du Sri Lanka (2,9 milliards de dollars). Le transport par habitant aux Maldives était supérieur à celui du Sri Lanka (151,3 de dollars) et de l'Inde (48,8 de dollars). La croissance du transport aux Maldives était inférieure à celle de l'Inde (10,4%) et du Sri Lanka (7,8%).

Comparaison avec les leaders. Le secteur du transport aux Maldives était inférieur à celui des États-Unis (1,2 billions de dollars), du Japon (468,5 milliards de dollars), de l'Allemagne (228,2 milliards de dollars), du Royaume-Uni (215,9 milliards de dollars) et de la

Chapitre VII. Transport

France (185,6 milliards de dollars). Le transport par habitant aux Maldives était inférieur à celui des États-Unis (4 029,0 de dollars), du Japon (3 655,1 de dollars), du Royaume-Uni (3 572,9 de dollars), de la France (2 955,1 de dollars) et de l'Allemagne (2 803,7 de dollars). La croissance du transport aux Maldives était supérieure à celle de l'Allemagne (3,4%), du Royaume-Uni (3,1%), des États-Unis (3,1%), de la France (2,7%) et du Japon (1,5%).

Les années 2010

La valeur du transport aux Maldives était de 377,4 millions de dollars par an dans les années 2010, se situant au 160ème rang mondial à égalité avec le Kosovo (372,3 millions de dollars). La part dans le monde était de 0,0059% et de 0,020% en Asie.

La part du transport dans l'économie des Maldives était de 10,9% dans les années 2010, se situant au 55ème rang mondial, à égalité avec la Slovaquie (10,9%), l'Europe du Nord (10,9%), les Samoa (10,9%).

Le transport par habitant aux Maldives était de 844.8 dollars dans les années 2010, au 84ème rang mondial, à égalité avec la Russie (844,4 de dollars), le Monde (864,8 de dollars). Le transport par habitant aux Maldives était 2,3% inférieur le transport par habitant au Monde (864,8 US$), et 96,4% supérieur le transport par habitant en Asie (430,2 US$).

La croissance du transport aux Maldives était de 10.9% dans les années 2010, se situant au 7ème rang mondial, à égalité avec l'Irlande (10,8%), Macao (10,8%). La croissance du transport aux Maldives (10,9%) a été supérieure à celle du monde (4,0%), et supérieure à celle de l'Asie (4,7%).

Comparaison avec les voisins. La valeur du transport aux Maldives était 349,6 fois inférieure à celle de l'Inde (132,0 milliards de dollars) et 25,0 fois inférieure à celle du Sri Lanka (9,4 milliards de dollars). Le transport par habitant aux Maldives était 86,3% supérieur à celui du Sri Lanka (453,5 de dollars) et 8,3 fois supérieur à celui de l'Inde (101,4 de dollars). La croissance du transport aux Maldives était supérieure à celle de l'Inde (6,6%) et du Sri Lanka (6,1%).

Comparaison avec les leaders. Le secteur du transport aux Maldives était 4 738,5 fois inférieur à celui des États-Unis (1,8 billions de dollars), 1 403,8 fois inférieur à celui du Japon (529,8 milliards de dollars), 1 230,0 fois inférieur à celui de la Chine (464,2 milliards de dollars), 794,9 fois inférieur à celui de l'Allemagne (300,0 milliards de dollars) et 682,9 fois inférieur à celui du Royaume-Uni (257,7 milliards de dollars). Le transport par habitant aux Maldives était 2,6 fois supérieur à celui de la Chine (331,0 de dollars); mais 6,6 fois inférieur à celui des États-Unis (5 597,8 de dollars), 4,9 fois inférieur à celui du Japon (4 141,7 de dollars), 4,7 fois inférieur à celui du Royaume-Uni (3 929,2 de dollars) et 4,3 fois inférieur à celui de l'Allemagne (3 665,2 de dollars). La croissance du transport aux Maldives était supérieure à celle de la Chine (7,5%), des États-Unis (5,1%), du Royaume-Uni (2,8%), de l'Allemagne (2,7%) et du Japon (0,81%).

Chapitre VIII. Commerce

Commerce de gros et de détail; restaurants et hôtels (ISIC G-H)

La valeur du commerce aux Maldives est passé de 12,6 millions de dollars par an dans les années 1970 à 1,2 milliards de dollars par an dans les années 2010, c'est-à-dire 1,2 milliards de dollars ou de 96,8 fois. La variation a été de 937,9 millions de dollars en raison de l'augmentation de 4,3 fois des prix, et de 239,8 millions de dollars en raison de la croissance de productivité de 6,7 fois, et de 29,3 millions de dollars en raison de la croissance démographique. La croissance annuelle moyenne du commerce était de 7,5%. La valeur minimale était de 9,0 millions de dollars en 1970. La valeur maximale était de 1,7 milliards de dollars en 2019.

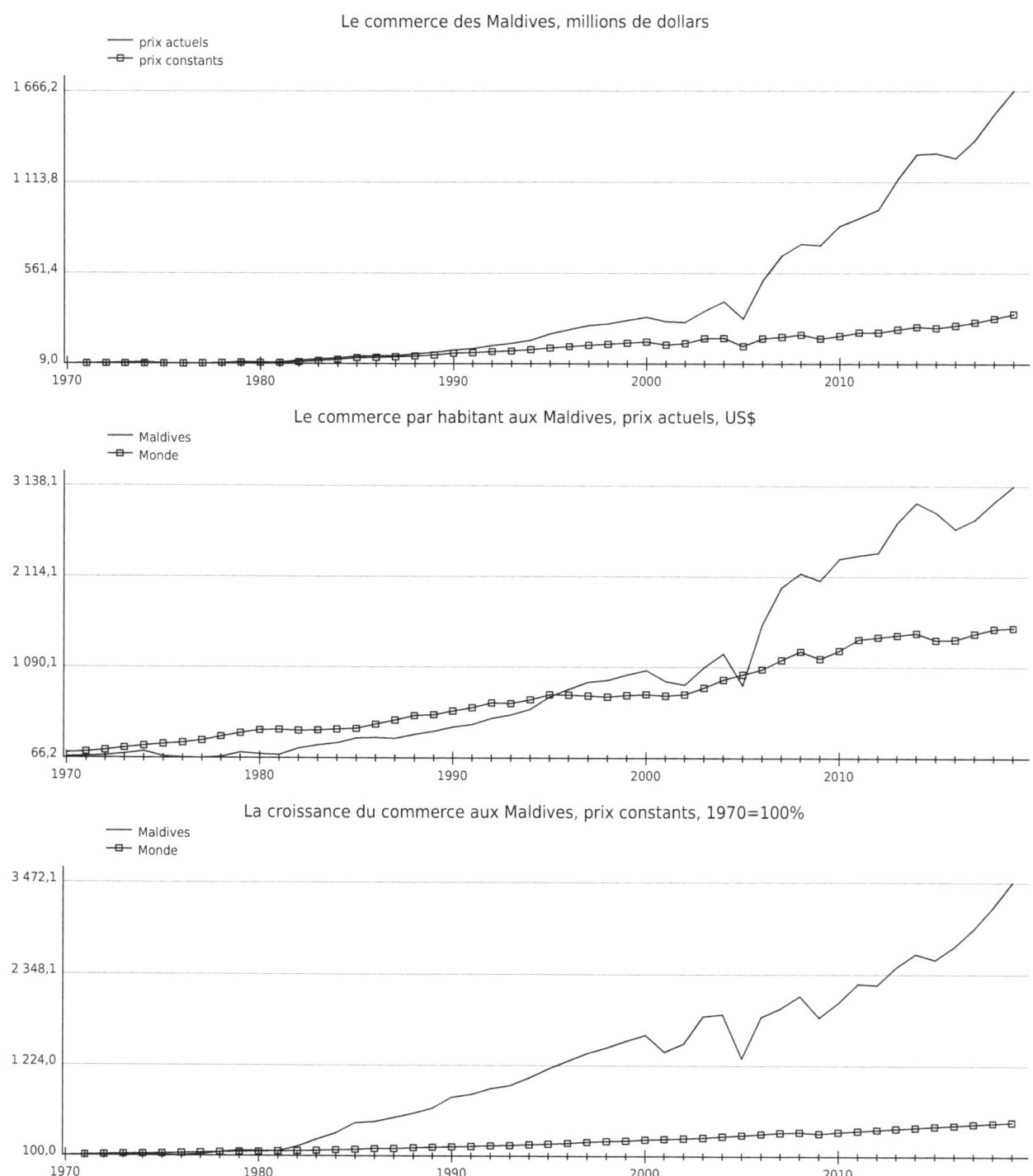

Chapitre VIII. Commerce

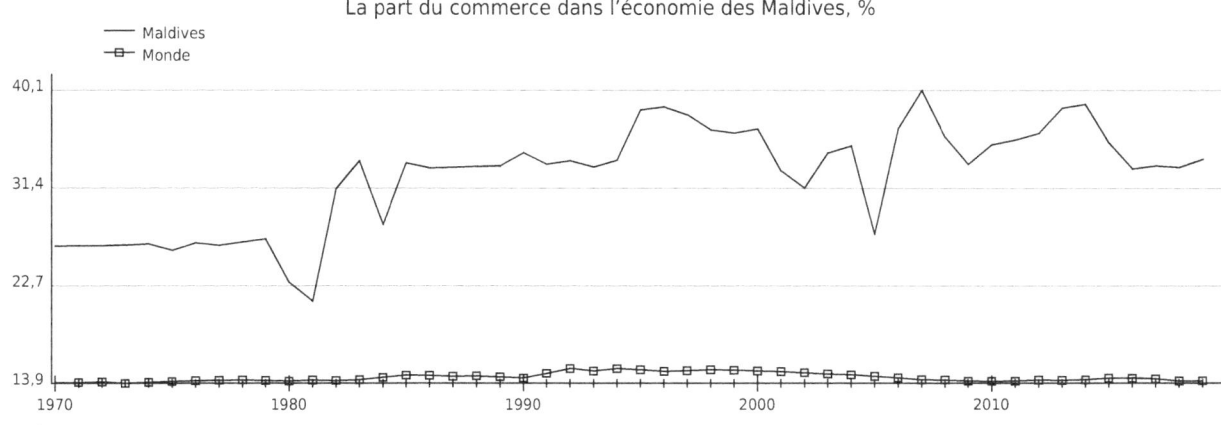

Les années 1970

Le secteur du commerce aux Maldives était de 12,6 millions de dollars par an dans les années 1970, au 162ème rang mondial à égalité avec le Vanuatu (12,6 millions de dollars), Sao Tomé-et-Principe (12,4 millions de dollars). La part dans le monde était de 0,0014% et de 0,0081% en Asie.

La part du commerce dans l'économie des Maldives était de 26,4% dans les années 1970, se classant au 19ème rang mondial.

Le commerce par habitant aux Maldives était de 93.8 dollars dans les années 1970, se classant au 110ème rang mondial, à égalité avec la Hongrie (94,4 de dollars), la Namibie (96,0 de dollars). Le commerce par habitant aux Maldives était 2,4 fois inférieur le commerce par habitant au Monde (221,0 US$), et 39,3% supérieur le commerce par habitant en Asie (67,4 US$).

La croissance du commerce aux Maldives était de 5.8% dans les années 1970, se classant au 71ème rang mondial, à égalité avec le Cameroun (5,7%), la Somalie (5,7%). La croissance du commerce aux Maldives (5,8%) a été supérieure à celle du monde (4,5%), et inférieure à celle de l'Asie (7,7%).

Comparaison avec les voisins. La valeur ajoutée du commerce aux Maldives était inférieure à celle de l'Inde (5,8 milliards de dollars) et du Sri Lanka (344,5 millions de dollars). Le commerce par habitant aux Maldives était supérieur à celui du Sri Lanka (25,3 de dollars) et de l'Inde (9,4 de dollars). La croissance du commerce aux Maldives était supérieure à celle de l'Inde (4,1%); mais inférieure à celle du Sri Lanka (5,8%).

Comparaison avec les leaders. La valeur du commerce aux Maldives était inférieure à celle des États-Unis (278,3 milliards de dollars), du Japon (90,3 milliards de dollars), de l'URSS (62,3 milliards de dollars), de l'Allemagne (61,1 milliards de dollars) et de la France (40,9 milliards de dollars). Le commerce par habitant aux Maldives était inférieur à celui des États-Unis (1 275,1 de dollars), du Japon (811,1 de dollars), de l'Allemagne (775,5 de dollars), de la France (762,4 de dollars) et de l'URSS (247,1 de dollars). La croissance du commerce aux Maldives était supérieure à celle de l'URSS (5,2%), de la France (3,9%), des États-Unis (3,9%) et de l'Allemagne (3,0%); mais inférieure à celle du Japon (8,2%).

Les années 1980

Le commerce des Maldives était de 46,3 millions de dollars par an dans les années 1980, se situant au 160ème rang mondial à égalité avec le Belize (46,7 millions de dollars). La part dans le monde était de 0,0022% et de 0,0098% en Asie.

La part du commerce dans l'économie des Maldives était de 31,5% dans les années 1980, au 12ème rang mondial.

Le commerce par habitant aux Maldives était de 248.2 dollars dans les années 1980, se situant au 86ème rang mondial, à égalité avec le Pérou (245,8 de dollars), le Paraguay (243,4 de dollars), le Chili (243,1 de dollars). Le commerce par habitant aux Maldives était 43,3% inférieur le commerce par habitant au Monde (437,7 US$), et 48,8% supérieur le commerce par habitant en Asie (166,8 US$).

La croissance du commerce aux Maldives était de 15.4% dans les années 1980, se classant au 2ème rang mondial. La croissance du commerce aux Maldives (15,4%) a été supérieure à celle du monde (3,3%), et supérieure à celle de l'Asie (5,8%).

Comparaison avec les voisins. Le secteur du commerce aux Maldives était inférieur à celui de l'Inde (16,8 milliards de dollars) et du Sri Lanka (608,8 millions de dollars). Le commerce par habitant aux Maldives était supérieur à celui du Sri Lanka (37,9 de dollars) et de l'Inde (21,7 de dollars). La croissance du commerce aux Maldives était supérieure à celle du Sri Lanka (6,8%) et de l'Inde (6,1%).

Comparaison avec les leaders. La valeur du commerce aux Maldives était inférieure à celle des États-Unis (653,3 milliards de dollars), du Japon (277,3 milliards de dollars), de l'Allemagne (116,7 milliards de dollars), de l'URSS (112,3 milliards de dollars) et de l'Italie (95,7 milliards de dollars). Le commerce par habitant aux Maldives était inférieur à celui des États-Unis (2 728,2 de dollars), du Japon (2 286,5 de dollars), de l'Italie (1 684,2 de dollars), de l'Allemagne (1 496,0 de dollars) et de l'URSS (408,1 de dollars). La croissance du commerce aux Maldives était supérieure à celle du Japon (4,9%), des États-Unis (4,4%), de l'Italie (2,3%), de l'Allemagne (1,8%) et de l'URSS (-0,62%).

Les années 1990

La valeur ajoutée du commerce aux Maldives était de 178,6 millions de dollars par an dans les années 1990, au 161ème rang mondial à égalité avec d'Antigua-et-Barbuda (177,4 millions de dollars), Sainte-Lucie (180,9 millions de dollars), les Îles Caïmans (181,4 millions de dollars). La part dans le monde était de 0,0043% et de 0,015% en Asie.

La part du commerce dans l'économie des Maldives était de 36,1% dans les années 1990, se classant au 6ème rang mondial.

Le commerce par habitant aux Maldives était de 714.6 dollars dans les années 1990, se situant au 64ème rang mondial, à égalité avec le Monde (721,8 de dollars). Le commerce par habitant aux Maldives était 1,0% inférieur le commerce par habitant au Monde (721,8 US$), et 2,1 fois supérieur le commerce par habitant en Asie (337,1 US$).

La croissance du commerce aux Maldives était de 8.2% dans les années 1990, se situant au 14ème rang mondial, à égalité avec l'Érythrée (8,3%). La croissance du commerce aux Maldives (8,2%) a été supérieure à celle du monde (3,5%), et supérieure à celle de l'Asie (4,9%).

Comparaison avec les voisins. La valeur ajoutée du commerce aux Maldives était inférieure à celle de l'Inde (28,0 milliards de dollars) et du Sri Lanka (1,5 milliards de dollars). Le commerce par habitant aux Maldives était supérieur à celui du Sri Lanka (84,5 de dollars) et de l'Inde (29,3 de dollars). La croissance du commerce aux Maldives était supérieure à celle de l'Inde (7,6%) et du Sri Lanka (5,8%).

Comparaison avec les leaders. La valeur ajoutée du commerce aux Maldives était inférieure à celle des États-Unis (1,2 billions de dollars), du Japon (713,2 milliards de dollars), de l'Allemagne (243,7 milliards de dollars), de l'Italie (185,6 milliards de dollars) et de la France (177,0 milliards de dollars). Le commerce par habitant aux Maldives était inférieur à celui du Japon (5 656,5 de dollars), des États-Unis (4 395,6 de dollars), de l'Italie (3 255,0 de dollars), de l'Allemagne (3 021,8 de dollars) et de la France (2 980,3 de dollars). La croissance du commerce aux Maldives était supérieure à celle des États-Unis (4,3%), du Japon (3,8%), de l'Allemagne (2,5%), de la France (2,4%) et de l'Italie (1,9%).

Les années 2000

La valeur du commerce aux Maldives était de 447,1 millions de dollars par an dans les années 2000, au 153ème rang mondial à égalité avec le Tadjikistan (444,1 millions de dollars). La part dans le monde était de 0,0069% et de 0,026% en Asie.

La part du commerce dans l'économie des Maldives était de 34,8% dans les années 2000, se situant au 4ème rang mondial, à égalité avec les Îles Turks-et-Caïcos (34,9%).

Le commerce par habitant aux Maldives était de 1418.2 dollars dans les années 2000, au 61ème rang mondial, à égalité avec la Pologne (1 412,2 de dollars), Sainte-Lucie (1 406,6 de dollars), la Croatie (1 405,4 de dollars). Le commerce par habitant aux Maldives était 43,2% supérieur le commerce par habitant au Monde (990,3 US$), et 3,2 fois supérieur le commerce par habitant en Asie (438,7 US$).

La croissance du commerce aux Maldives était de 1.8% dans les années 2000, se situant au 153ème rang mondial. La croissance du commerce aux Maldives (1,8%) a été inférieure à celle du monde (2,7%), et inférieure à celle de l'Asie (4,5%).

Comparaison avec les voisins. La valeur du commerce aux Maldives était inférieure à celle de l'Inde (78,2 milliards de dollars) et du Sri Lanka (4,0 milliards de dollars). Le commerce par habitant aux Maldives était supérieur à celui du Sri Lanka (206,6 de dollars) et de l'Inde (68,7 de dollars). La croissance du commerce aux Maldives était inférieure à celle de l'Inde (7,0%) et du Sri Lanka (4,8%).

Comparaison avec les leaders. Le commerce des Maldives était inférieur à celui des États-Unis (1,9 billions de dollars), du Japon (771,8 milliards de dollars), de l'Allemagne (296,0 milliards de dollars), du Royaume-Uni (293,5 milliards de dollars) et de la Chine (262,0 milliards de dollars). Le commerce par habitant aux Maldives était supérieur à celui de la Chine (197,5 de dollars); mais inférieur à celui des États-Unis (6 383,1 de dollars), du Japon (6 021,3 de dollars), du Royaume-Uni (4 856,7 de dollars) et de l'Allemagne (3

Chapitre VIII. Commerce

637,0 de dollars). La croissance du commerce aux Maldives était supérieure à celle de l'Allemagne (1,7%), du Royaume-Uni (1,3%), des États-Unis (1,1%) et du Japon (-0,77%); mais inférieure à celle de la Chine (11,9%).

Les années 2010

La valeur ajoutée du commerce aux Maldives était de 1,2 milliards de dollars par an dans les années 2010, se situant au 146ème rang mondial à égalité avec la Guinée équatoriale (1,2 milliards de dollars), le Turkménistan (1,2 milliards de dollars). La part dans le monde était de 0,012% et de 0,034% en Asie.

La part du commerce dans l'économie des Maldives était de 35,1% dans les années 2010, se situant au 3ème rang mondial.

Le commerce par habitant aux Maldives était de 2730 dollars dans les années 2010, se classant au 60ème rang mondial, à égalité avec la Lituanie (2 737,0 de dollars), Curaçao (2 746,1 de dollars), les Seychelles (2 791,7 de dollars). Le commerce par habitant aux Maldives était 90,0% supérieur le commerce par habitant au Monde (1 436,8 US$), et 3,3 fois supérieur le commerce par habitant en Asie (821,1 US$).

La croissance du commerce aux Maldives était de 6.7% dans les années 2010, se classant au 27ème rang mondial, à égalité avec les Salomon (6,6%), l'Est (6,7%), la Moldavie (6,7%). La croissance du commerce aux Maldives (6,7%) a été supérieure à celle du monde (3,3%), et supérieure à celle de l'Asie (5,6%).

Comparaison avec les voisins. Le commerce des Maldives était 190,6 fois inférieur à celui de l'Inde (232,5 milliards de dollars) et 7,8 fois inférieur à celui du Sri Lanka (9,6 milliards de dollars). Le commerce par habitant aux Maldives était 5,9 fois supérieur à celui du Sri Lanka (459,2 de dollars) et 15,3 fois supérieur à celui de l'Inde (178,6 de dollars). La croissance du commerce aux Maldives était supérieure à celle du Sri Lanka (5,2%); mais inférieure à celle de l'Inde (9,7%).

Comparaison avec les leaders. Le secteur du commerce aux Maldives était 2 144,4 fois inférieur à celui des États-Unis (2,6 billions de dollars), 979,3 fois inférieur à celui de la Chine (1,2 billions de dollars), 712,9 fois inférieur à celui du Japon (869,5 milliards de dollars), 305,5 fois inférieur à celui de l'Allemagne (372,6 milliards de dollars) et 270,5 fois inférieur à celui du Royaume-Uni (330,0 milliards de dollars). Le commerce par habitant aux Maldives était 3,2 fois supérieur à celui de la Chine (851,7 de dollars); mais 3,0 fois inférieur à celui des États-Unis (8 186,4 de dollars), 2,5 fois inférieur à celui du Japon (6 797,1 de dollars), 45,7% inférieur à celui du Royaume-Uni (5 030,4 de dollars) et 40,0% inférieur à celui de l'Allemagne (4 551,8 de dollars). La croissance du commerce aux Maldives était supérieure à celle du Royaume-Uni (2,8%), des États-Unis (2,3%), de l'Allemagne (2,0%) et du Japon (0,77%); mais inférieure à celle de la Chine (8,9%).

Chapitre IX. Services

(ISIC J-P)

La valeur ajoutée des services aux Maldives est passé de 13,3 millions de dollars par an dans les années 1970 à 1,2 milliards de dollars par an dans les années 2010, c'est-à-dire 1,2 milliards de dollars ou de 94,2 fois. La variation a été de 818,5 millions de dollars en raison de l'augmentation de 2,9 fois des prix, et de 386,0 millions de dollars en raison de la croissance de productivité de 9,7 fois, et de 30,9 millions de dollars en raison de la croissance démographique. La croissance annuelle moyenne des services était de 8,2%. La valeur minimale était de 9,5 millions de dollars en 1976. La valeur maximale était de 1,8 milliards de dollars en 2019.

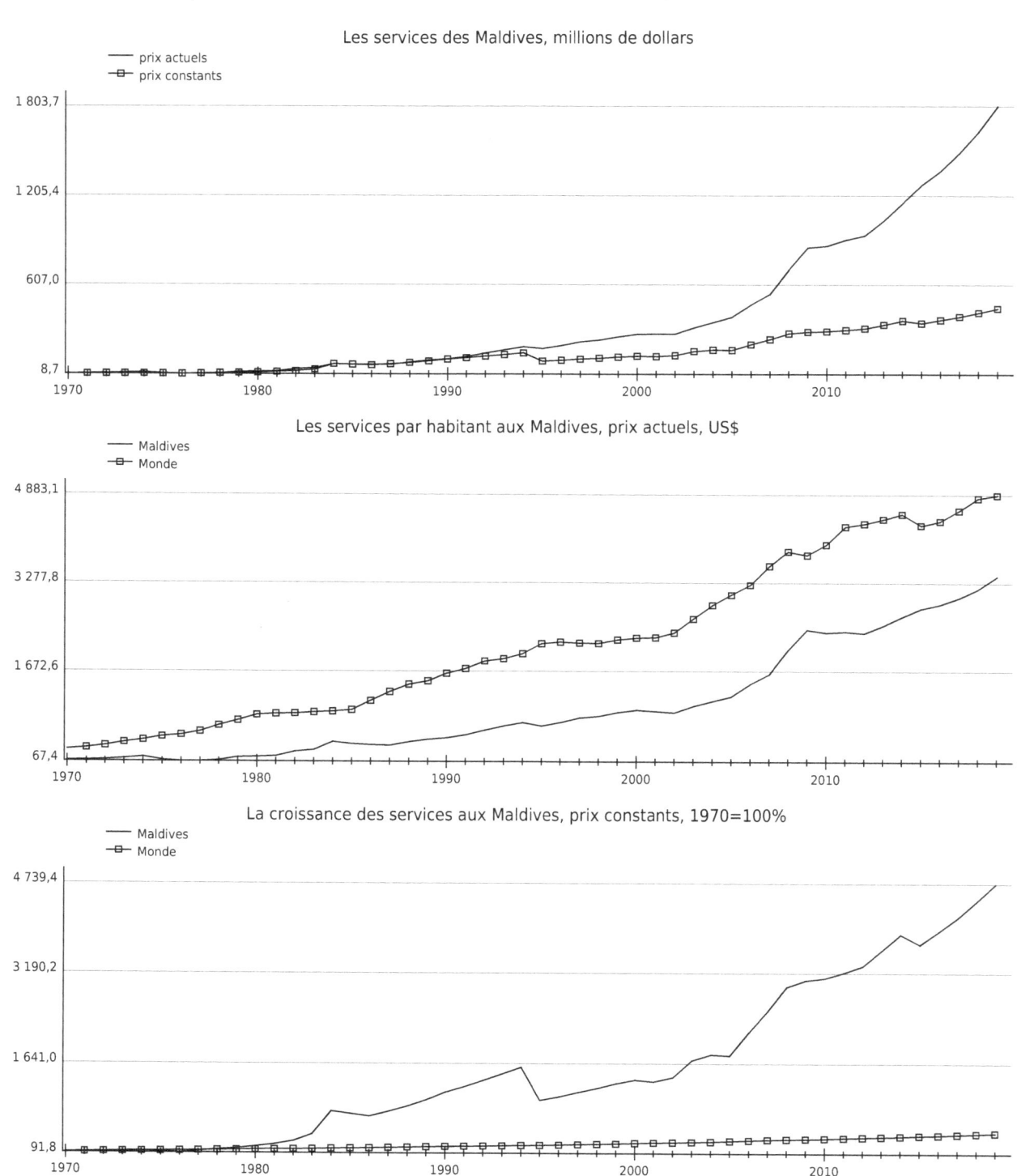

Chapitre IX. Services

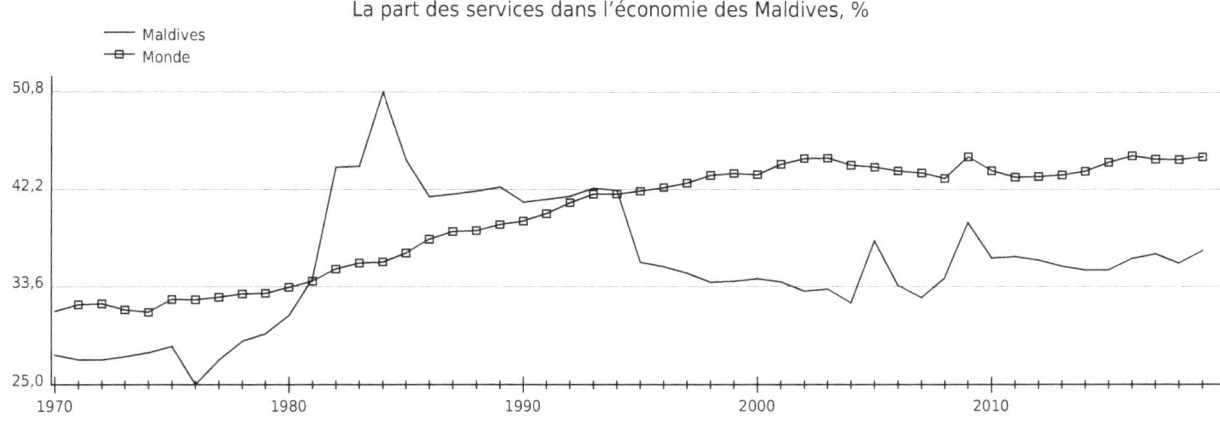
La part des services dans l'économie des Maldives, %

Les années 1970

La valeur des services aux Maldives était de 13,3 millions de dollars par an dans les années 1970, au 171ème rang mondial à égalité avec la Grenade (13,0 millions de dollars). La part dans le monde était de 0,0006% et de 0,0047% en Asie.

La part des services dans l'économie des Maldives était de 27,8% dans les années 1970, se situant au 96ème rang mondial, à égalité avec Singapour (27,8%), Maurice (27,8%), la Bolivie (27,6%).

Les services par habitant aux Maldives étaient de 98.8 dollars dans les années 1970, se situant au 137ème rang mondial, à égalité avec le Ghana (99,3 de dollars). Les services par habitant aux Maldives étaient 5,1 fois inférieures les services par habitant au Monde (506,9 US$), et 18,8% inférieures les services par habitant en Asie (121,6 US$).

La croissance des services aux Maldives était de 6.1% dans les années 1970, se classant au 71ème rang mondial, à égalité avec Singapour (6,1%), l'Est (6,1%). La croissance des services aux Maldives (6,1%) a été supérieure à celle du monde (4,1%), et inférieure à celle de l'Asie (6,5%).

Comparaison avec les voisins. Le secteur des services aux Maldives était inférieur à celui de l'Inde (22,5 milliards de dollars) et du Sri Lanka (521,1 millions de dollars). Les services par habitant aux Maldives étaient supérieures à celles du Sri Lanka (38,2 de dollars) et de l'Inde (36,4 de dollars). La croissance des services aux Maldives était supérieure à celle de l'Inde (4,3%) et du Sri Lanka (3,8%).

Comparaison avec les leaders. Les services des Maldives étaient inférieures à celles des États-Unis (674,4 milliards de dollars), de l'URSS (168,3 milliards de dollars), du Japon (153,8 milliards de dollars), de l'Allemagne (150,2 milliards de dollars) et de la France (121,8 milliards de dollars). Les services par habitant aux Maldives étaient inférieures à celles des États-Unis (3 090,2 de dollars), de la France (2 271,8 de dollars), de l'Allemagne (1 907,6 de dollars), du Japon (1 381,3 de dollars) et de l'URSS (667,3 de dollars). La croissance des services aux Maldives était supérieure à celle du Japon (5,9%), de l'Allemagne (4,8%), de la France (3,9%), des États-Unis (3,3%) et de l'URSS (0,90%).

Les années 1980

La valeur ajoutée des services aux Maldives était de 62,5 millions de dollars par an dans les années 1980, se situant au 161ème rang mondial. La part dans le monde était de 0,0012% et de 0,0063% en Asie.

La part des services dans l'économie des Maldives était de 42,5% dans les années 1980, se situant au 30ème rang mondial, à égalité avec la Dominique (42,7%), le Royaume-Uni (42,7%), les Amériques (42,4%).

Les services par habitant aux Maldives étaient de 335.1 dollars dans les années 1980, se classant au 109ème rang mondial, à égalité avec le Cameroun (340,3 de dollars). Les services par habitant aux Maldives étaient 3,3 fois inférieures les services par habitant au Monde (1 115,5 US$), et 4,7% inférieures les services par habitant en Asie (351,5 US$).

La croissance des services aux Maldives était de 19.5% dans les années 1980, se situant au 2ème rang mondial. La croissance des services aux Maldives (19,5%) a été supérieure à celle du monde (3,3%), et supérieure à celle de l'Asie (5,3%).

Comparaison avec les voisins. La valeur ajoutée des services aux Maldives était inférieure à celle de l'Inde (51,5 milliards de dollars) et du Sri Lanka (985,9 millions de dollars). Les services par habitant aux Maldives étaient supérieures à celles de l'Inde (66,3 de dollars) et du Sri Lanka (61,3 de dollars). La croissance des services aux Maldives était supérieure à celle de l'Inde (6,7%) et du Sri Lanka

(3,9%).

Comparaison avec les leaders. La valeur ajoutée des services aux Maldives était inférieure à celle des États-Unis (1,9 billions de dollars), du Japon (619,9 milliards de dollars), de l'Allemagne (362,2 milliards de dollars), de la France (294,5 milliards de dollars) et du Royaume-Uni (265,4 milliards de dollars). Les services par habitant aux Maldives étaient inférieures à celles des États-Unis (7 844,6 de dollars), de la France (5 211,0 de dollars), du Japon (5 111,4 de dollars), du Royaume-Uni (4 700,6 de dollars) et de l'Allemagne (4 642,6 de dollars). La croissance des services aux Maldives était supérieure à celle du Japon (4,8%), du Royaume-Uni (3,3%), de l'Allemagne (3,1%), des États-Unis (2,8%) et de la France (2,3%).

Les années 1990

La valeur ajoutée des services aux Maldives était de 184,4 millions de dollars par an dans les années 1990, au 176ème rang mondial à égalité avec le Burundi (184,5 millions de dollars). La part dans le monde était de 0,0016% et de 0,0073% en Asie.

La part des services dans l'économie des Maldives était de 37,3% dans les années 1990, se situant au 71ème rang mondial, à égalité avec le Kosovo (37,2%), Singapour (37,1%), l'Andorre (37,4%).

Les services par habitant aux Maldives étaient de 737.8 dollars dans les années 1990, se situant au 98ème rang mondial, à égalité avec la Jamaïque (733,2 de dollars), l'Asie (732,9 de dollars), la Macédoine du Nord (754,8 de dollars). Les services par habitant aux Maldives étaient 2,7 fois inférieures les services par habitant au Monde (2 014,6 US$), et 0,67% supérieures les services par habitant en Asie (732,9 US$).

La croissance des services aux Maldives était de 2.6% dans les années 1990, se classant au 118ème rang mondial, à égalité avec la Turquie (2,6%). La croissance des services aux Maldives (2,6%) a été inférieure à celle du monde (2,7%), et inférieure à celle de l'Asie (4,5%).

Comparaison avec les voisins. Les services des Maldives étaient inférieures à celles de l'Inde (83,4 milliards de dollars) et du Sri Lanka (2,5 milliards de dollars). Les services par habitant aux Maldives étaient supérieures à celles du Sri Lanka (140,2 de dollars) et de l'Inde (87,3 de dollars). La croissance des services aux Maldives était inférieure à celle de l'Inde (7,7%) et du Sri Lanka (5,8%).

Comparaison avec les leaders. La valeur des services aux Maldives était inférieure à celle des États-Unis (3,8 billions de dollars), du Japon (1,6 billions de dollars), de l'Allemagne (908,0 milliards de dollars), de la France (628,2 milliards de dollars) et du Royaume-Uni (592,3 milliards de dollars). Les services par habitant aux Maldives étaient inférieures à celles des États-Unis (14 354,4 de dollars), du Japon (12 820,4 de dollars), de l'Allemagne (11 259,5 de dollars), de la France (10 578,2 de dollars) et du Royaume-Uni (10 233,8 de dollars). La croissance des services aux Maldives était supérieure à celle des États-Unis (2,3%), du Japon (1,7%) et de la France (1,6%); mais inférieure à celle de l'Allemagne (3,2%) et du Royaume-Uni (3,0%).

Les années 2000

Le secteur des services aux Maldives était de 446,9 millions de dollars par an dans les années 2000, se classant au 172ème rang mondial à égalité avec le Suriname (449,5 millions de dollars), Sainte-Lucie (457,1 millions de dollars). La part dans le monde était de 0,0023% et de 0,011% en Asie.

La part des services dans l'économie des Maldives était de 34,8% dans les années 2000, se situant au 106ème rang mondial, à égalité avec le Vanuatu (34,9%), le Honduras (34,9%), l'Amérique centrale (34,6%).

Les services par habitant aux Maldives étaient de 1417.4 dollars dans les années 2000, se classant au 93ème rang mondial, à égalité avec la Malaisie (1 427,7 de dollars). Les services par habitant aux Maldives étaient 2,1 fois inférieures les services par habitant au Monde (3 011,2 US$), et 32,3% supérieures les services par habitant en Asie (1 071,6 US$).

La croissance des services aux Maldives était de 9% dans les années 2000, au 12ème rang mondial. La croissance des services aux Maldives (9,0%) a été supérieure à celle du monde (2,9%), et supérieure à celle de l'Asie (5,5%).

Comparaison avec les voisins. La valeur ajoutée des services aux Maldives était inférieure à celle de l'Inde (233,2 milliards de dollars) et du Sri Lanka (8,4 milliards de dollars). Les services par habitant aux Maldives étaient supérieures à celles du Sri Lanka (429,8 de dollars) et de l'Inde (204,9 de dollars). La croissance des services aux Maldives était supérieure à celle de l'Inde (7,1%) et du Sri Lanka (3,5%).

Comparaison avec les leaders. Les services des Maldives étaient inférieures à celles des États-Unis (6,7 billions de dollars), du Japon

Chapitre IX. Services

(2,0 billions de dollars), de l'Allemagne (1,2 billions de dollars), du Royaume-Uni (1,1 billions de dollars) et de la France (997,0 milliards de dollars). Les services par habitant aux Maldives étaient inférieures à celles des États-Unis (22 883,5 de dollars), du Royaume-Uni (18 012,4 de dollars), de la France (15 875,1 de dollars), du Japon (15 302,2 de dollars) et de l'Allemagne (14 979,9 de dollars). La croissance des services aux Maldives était supérieure à celle du Royaume-Uni (2,7%), des États-Unis (2,0%), de la France (1,5%), du Japon (1,2%) et de l'Allemagne (0,57%).

Les années 2010

Les services des Maldives étaient de 1,2 milliards de dollars par an dans les années 2010, se situant au 167ème rang mondial à égalité avec le Guyana (1,3 milliards de dollars). La part dans le monde était de 0,0038% et de 0,013% en Asie.

La part des services dans l'économie des Maldives était de 35,9% dans les années 2010, se situant au 102ème rang mondial, à égalité avec le Cap-Vert (35,9%), le Honduras (36,0%), la Tunisie (35,8%).

Les services par habitant aux Maldives étaient de 2794.7 dollars dans les années 2010, au 88ème rang mondial, à égalité avec la Bulgarie (2 773,3 de dollars), l'Amérique centrale (2 759,0 de dollars). Les services par habitant aux Maldives étaient 37,4% inférieures les services par habitant au Monde (4 467,8 US$), et 30,7% supérieures les services par habitant en Asie (2 137,6 US$).

La croissance des services aux Maldives était de 4.4% dans les années 2010, au 71ème rang mondial, à égalité avec le Honduras (4,4%). La croissance des services aux Maldives (4,4%) a été supérieure à celle du monde (2,7%), et inférieure à celle de l'Asie (5,4%).

Comparaison avec les voisins. Les services des Maldives étaient 545,9 fois inférieures à celles de l'Inde (681,5 milliards de dollars) et 19,5 fois inférieures à celles du Sri Lanka (24,3 milliards de dollars). Les services par habitant aux Maldives étaient 2,4 fois supérieures à celles du Sri Lanka (1 168,0 de dollars) et 5,3 fois supérieures à celles de l'Inde (523,5 de dollars). La croissance des services aux Maldives était inférieure à celle de l'Inde (7,8%) et du Sri Lanka (5,7%).

Comparaison avec les leaders. La valeur ajoutée des services aux Maldives était 7 973,3 fois inférieure à celle des États-Unis (10,0 billions de dollars), 2 840,9 fois inférieure à celle de la Chine (3,5 billions de dollars), 1 820,9 fois inférieure à celle du Japon (2,3 billions de dollars), 1 287,5 fois inférieure à celle de l'Allemagne (1,6 billions de dollars) et 1 085,6 fois inférieure à celle du Royaume-Uni (1,4 billions de dollars). Les services par habitant aux Maldives étaient 10,5% supérieures à celles de la Chine (2 529,2 de dollars); mais 11,1 fois inférieures à celles des États-Unis (31 159,6 de dollars), 7,4 fois inférieures à celles du Royaume-Uni (20 663,8 de dollars), 7,0 fois inférieures à celles de l'Allemagne (19 637,7 de dollars) et 6,4 fois inférieures à celles du Japon (17 771,8 de dollars). La croissance des services aux Maldives était supérieure à celle des États-Unis (1,8%), du Royaume-Uni (1,7%), de l'Allemagne (1,2%) et du Japon (0,99%); mais inférieure à celle de la Chine (8,4%).

Partie III. Relations extérieures

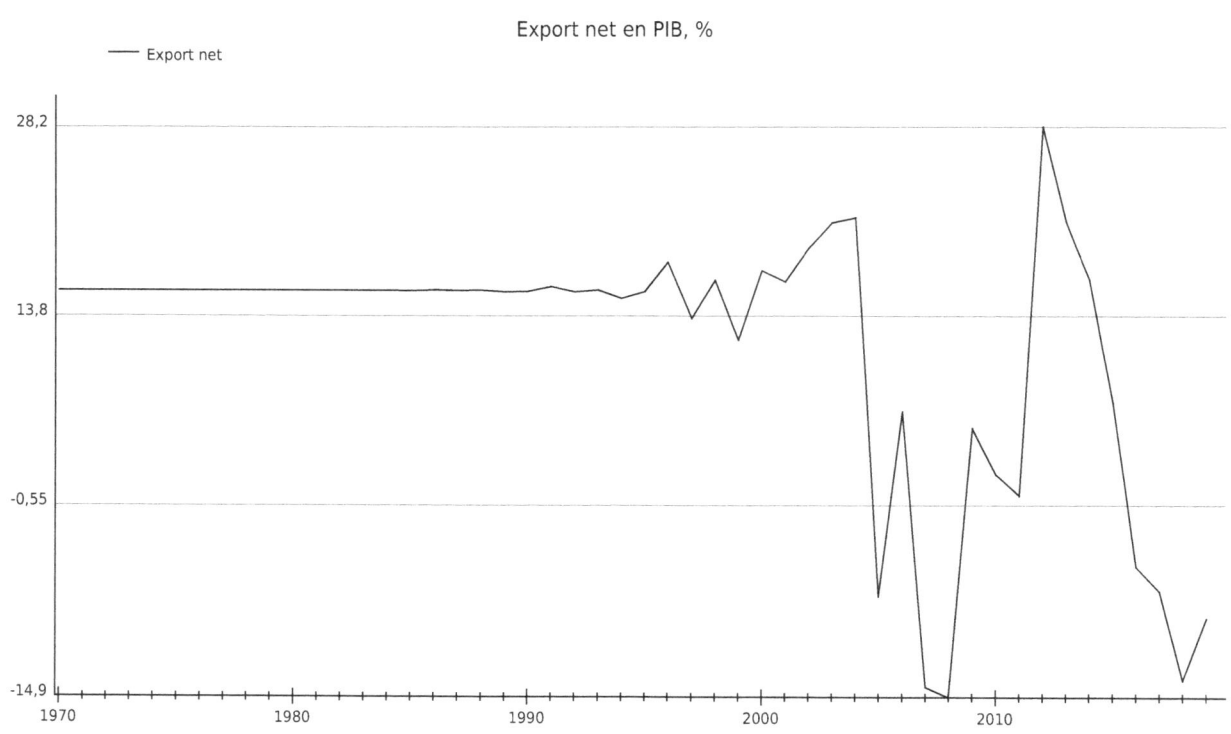

Chapitre X. Exportations

La valeur des exportations aux Maldives est passé de 41,7 millions de dollars par an dans les années 1970 à 3,1 milliards de dollars par an dans les années 2010, c'est-à-dire 3,0 milliards de dollars ou de 74,2 fois. La variation a été de 1,9 milliards de dollars en raison de l'augmentation de 2,6 fois des prix, et de 1,1 milliards de dollars en raison de la croissance du taux par habitant de 8,7 fois, et de 97,1 millions de dollars en raison de la croissance démographique. La croissance annuelle moyenne des exportations était de 8,0%. La valeur minimale était de 30,2 millions de dollars en 1970. La valeur maximale était de 3,9 milliards de dollars en 2019.

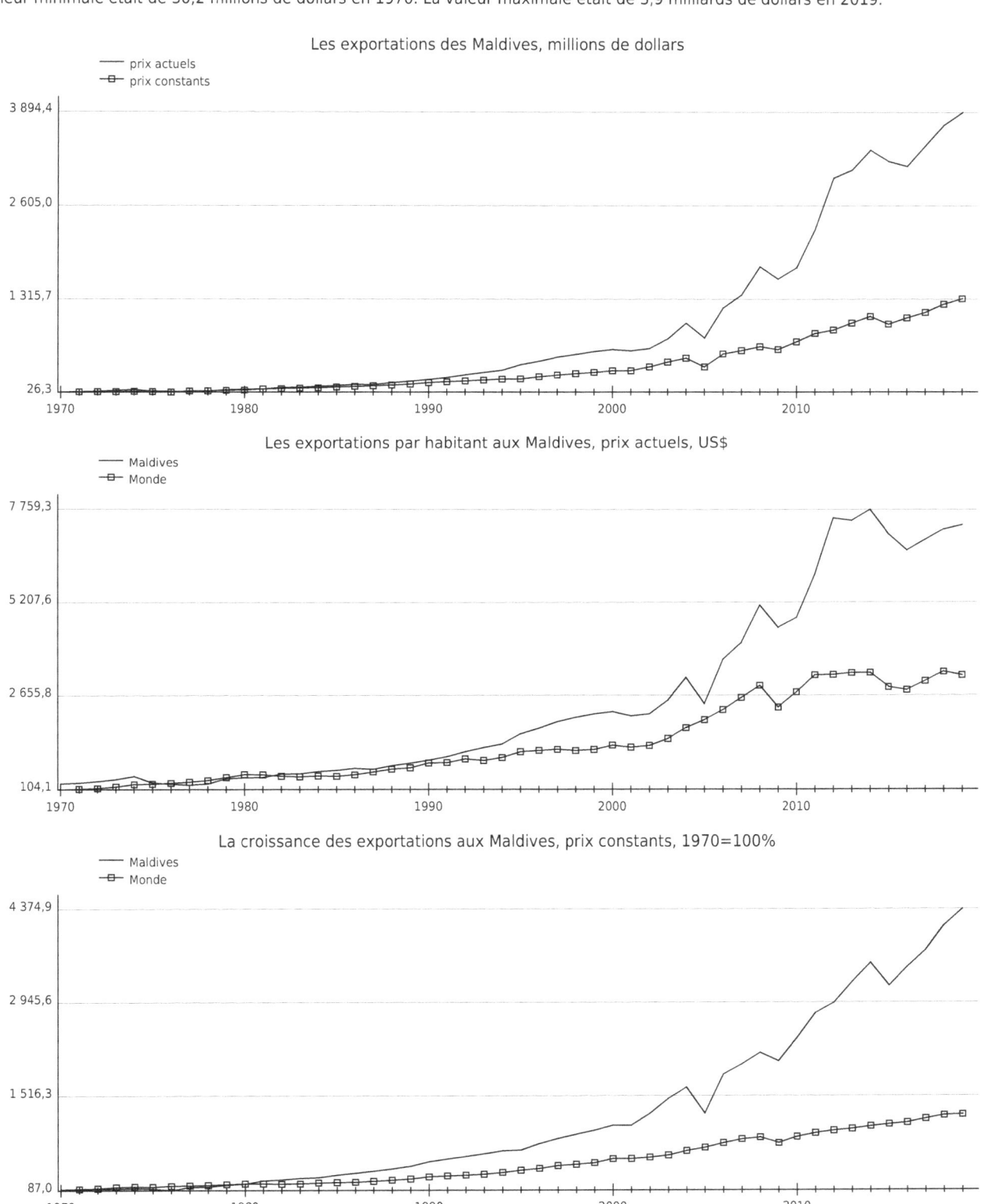

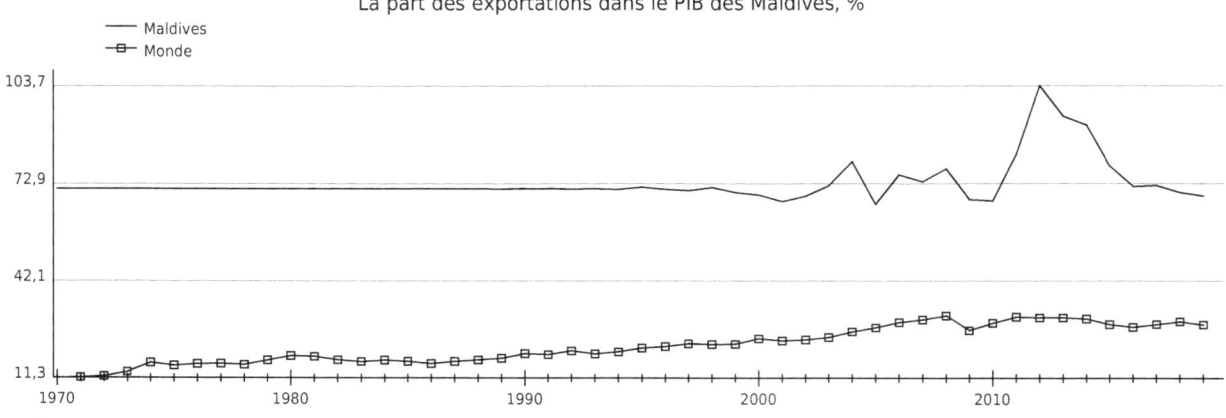

Les années 1970

La valeur des exportations aux Maldives était de 41,7 millions de dollars par an dans les années 1970, au 153ème rang mondial à égalité avec le Cap-Vert (41,3 millions de dollars). La part dans le monde était de 0,0043% et de 0,020% en Asie.

La part des exportations dans le PIB des Maldives était de 71,3% dans les années 1970, se situant au 17ème rang mondial, à égalité avec les Bahamas (71,9%).

Les exportations par habitant aux Maldives étaient de 310.6 dollars dans les années 1970, au 83ème rang mondial. Les exportations par habitant aux Maldives étaient 28,3% supérieures les exportations par habitant au Monde (242,1 US$), et 3,4 fois supérieures les exportations par habitant en Asie (90,8 US$).

La croissance des exportations aux Maldives était de 6% dans les années 1970, au 87ème rang mondial, à égalité avec Porto Rico (6,0%), la Norvège (6,0%), la Mongolie (6,0%). La croissance des exportations aux Maldives (6,0%) a été inférieure à celle du monde (6,5%), et inférieure à celle de l'Asie (7,9%).

Comparaison avec les voisins. Les exportations des Maldives étaient inférieures à celles de l'Inde (5,5 milliards de dollars) et du Sri Lanka (893,9 millions de dollars). Les exportations par habitant aux Maldives étaient supérieures à celles du Sri Lanka (65,6 de dollars) et de l'Inde (9,0 de dollars). La croissance des exportations aux Maldives était supérieure à celle du Sri Lanka (0,62%); mais inférieure à celle de l'Inde (8,0%).

Comparaison avec les leaders. La valeur des exportations aux Maldives était inférieure à celle des États-Unis (128,0 milliards de dollars), de l'Allemagne (82,9 milliards de dollars), de la France (64,3 milliards de dollars), du Japon (64,1 milliards de dollars) et du Royaume-Uni (61,3 milliards de dollars). Les exportations par habitant aux Maldives étaient inférieures à celles de la France (1 199,1 de dollars), du Royaume-Uni (1 094,1 de dollars), de l'Allemagne (1 052,2 de dollars), des États-Unis (586,5 de dollars) et du Japon (575,8 de dollars). La croissance des exportations aux Maldives était supérieure à celle de l'Allemagne (5,1%) et du Royaume-Uni (5,0%); mais inférieure à celle du Japon (8,6%), de la France (7,8%) et des États-Unis (6,8%).

Les années 1980

Les exportations des Maldives étaient de 114,1 millions de dollars par an dans les années 1980, au 152ème rang mondial. La part dans le monde était de 0,0045% et de 0,018% en Asie.

La part des exportations dans le PIB des Maldives était de 71,3% dans les années 1980, au 14ème rang mondial, à égalité avec Bahreïn (71,5%).

Les exportations par habitant aux Maldives étaient de 611.2 dollars dans les années 1980, se classant au 84ème rang mondial. Les exportations par habitant aux Maldives étaient 15,4% supérieures les exportations par habitant au Monde (529,9 US$), et 2,7 fois supérieures les exportations par habitant en Asie (229,0 US$).

La croissance des exportations aux Maldives était de 10.3% dans les années 1980, au 21ème rang mondial, à égalité avec le Pakistan (10,2%), la Dominique (10,3%). La croissance des exportations aux Maldives (10,3%) a été supérieure à celle du monde (3,8%), et supérieure à celle de l'Asie (4,1%).

Comparaison avec les voisins. La valeur des exportations aux Maldives était inférieure à celle de l'Inde (14,3 milliards de dollars) et du

Chapitre X. Exportations

Sri Lanka (1,6 milliards de dollars). Les exportations par habitant aux Maldives étaient supérieures à celles du Sri Lanka (96,9 de dollars) et de l'Inde (18,5 de dollars). La croissance des exportations aux Maldives était supérieure à celle du Sri Lanka (5,4%) et de l'Inde (4,7%).

Comparaison avec les leaders. Les exportations des Maldives étaient inférieures à celles des États-Unis (338,6 milliards de dollars), du Japon (210,6 milliards de dollars), de l'Allemagne (208,1 milliards de dollars), de la France (155,9 milliards de dollars) et du Royaume-Uni (155,0 milliards de dollars). Les exportations par habitant aux Maldives étaient inférieures à celles de la France (2 757,6 de dollars), du Royaume-Uni (2 744,8 de dollars), de l'Allemagne (2 667,0 de dollars), du Japon (1 736,5 de dollars) et des États-Unis (1 413,8 de dollars). La croissance des exportations aux Maldives était supérieure à celle du Japon (6,7%), des États-Unis (5,7%), de l'Allemagne (4,7%), de la France (4,0%) et du Royaume-Uni (3,0%).

Les années 1990

La valeur des exportations aux Maldives était de 383,0 millions de dollars par an dans les années 1990, se classant au 163ème rang mondial à égalité avec Sainte-Lucie (385,7 millions de dollars), le Niger (378,4 millions de dollars). La part dans le monde était de 0,0065% et de 0,024% en Asie.

La part des exportations dans le PIB des Maldives était de 71,1% dans les années 1990, au 14ème rang mondial, à égalité avec Bahreïn (70,7%).

Les exportations par habitant aux Maldives étaient de 1532.4 dollars dans les années 1990, se classant au 73ème rang mondial, à égalité avec le Belize (1 497,1 de dollars). Les exportations par habitant aux Maldives étaient 48,8% supérieures les exportations par habitant au Monde (1 029,5 US$), et 3,4 fois supérieures les exportations par habitant en Asie (456,7 US$).

La croissance des exportations aux Maldives était de 8.2% dans les années 1990, se classant au 47ème rang mondial, à égalité avec la République dominicaine (8,1%), l'Asie (8,1%). La croissance des exportations aux Maldives (8,2%) a été supérieure à celle du monde (6,9%), et supérieure à celle de l'Asie (8,1%).

Comparaison avec les voisins. Les exportations des Maldives étaient inférieures à celles de l'Inde (36,1 milliards de dollars) et du Sri Lanka (4,2 milliards de dollars). Les exportations par habitant aux Maldives étaient supérieures à celles du Sri Lanka (231,5 de dollars) et de l'Inde (37,8 de dollars). La croissance des exportations aux Maldives était inférieure à celle de l'Inde (11,7%) et du Sri Lanka (8,3%).

Comparaison avec les leaders. La valeur des exportations aux Maldives était inférieure à celle des États-Unis (773,6 milliards de dollars), de l'Allemagne (509,0 milliards de dollars), du Japon (418,7 milliards de dollars), de la France (329,8 milliards de dollars) et du Royaume-Uni (324,3 milliards de dollars). Les exportations par habitant aux Maldives étaient inférieures à celles de l'Allemagne (6 311,2 de dollars), du Royaume-Uni (5 602,2 de dollars), de la France (5 553,9 de dollars), du Japon (3 320,8 de dollars) et des États-Unis (2 925,3 de dollars). La croissance des exportations aux Maldives était supérieure à celle des États-Unis (7,2%), de la France (6,5%), de l'Allemagne (6,0%), du Royaume-Uni (5,7%) et du Japon (4,2%).

Les années 2000

Les exportations des Maldives étaient de 1,0 milliards de dollars par an dans les années 2000, au 157ème rang mondial à égalité avec le Guyana (1,0 milliards de dollars), la Mauritanie (1,0 milliards de dollars), les Îles Vierges britanniques (1,1 milliards de dollars). La part dans le monde était de 0,0082% et de 0,026% en Asie.

La structure des exportations: produits primaires (55,0%), articles manufacturés provenant de ressources naturelles (19,0%), articles manufacturés à faible technologie (20,8%), articles manufacturés de technologie moyenne (2,3%).

Les Maldives a exporté des marchandises vers la Thaïlande (23,0%), les États-Unis (16,5%), le Sri Lanka (12,0%), le Royaume-Uni (11,3%), le Japon (7,0%) et d'autres pays (30,3%).

La part des exportations dans le PIB des Maldives était de 72,4% dans les années 2000, au 20ème rang mondial, à égalité avec les îles Cook (72,4%), la république du Congo (72,6%), la Slovaquie (72,6%).

Les exportations par habitant aux Maldives étaient de 3257.1 dollars dans les années 2000, se situant au 75ème rang mondial, à égalité avec l'Asie de l'Ouest (3 201,5 de dollars), la Lettonie (3 198,2 de dollars). Les exportations par habitant aux Maldives étaient 68,4% supérieures les exportations par habitant au Monde (1 933,7 US$), et 3,2 fois supérieures les exportations par habitant en Asie (1 011,8 US$).

La croissance des exportations aux Maldives était de 7.5% dans les années 2000, se classant au 60ème rang mondial, à égalité avec l'Asie (7,5%), l'Indonésie (7,5%). La croissance des exportations aux Maldives (7,5%) a été supérieure à celle du monde (4,8%), et supérieure à celle de l'Asie (7,5%).

Comparaison avec les voisins. La valeur des exportations aux Maldives était inférieure à celle de l'Inde (159,3 milliards de dollars) et du Sri Lanka (7,7 milliards de dollars). Les exportations par habitant aux Maldives étaient supérieures à celles du Sri Lanka (397,3 de dollars) et de l'Inde (140,0 de dollars). La croissance des exportations aux Maldives était supérieure à celle du Sri Lanka (2,6%); mais inférieure à celle de l'Inde (13,8%).

Comparaison avec les leaders. La valeur des exportations aux Maldives était inférieure à celle des États-Unis (1,3 billions de dollars), de l'Allemagne (1,0 billions de dollars), de la Chine (780,2 milliards de dollars), du Japon (626,3 milliards de dollars) et du Royaume-Uni (591,1 milliards de dollars). Les exportations par habitant aux Maldives étaient supérieures à celles de la Chine (588,1 de dollars); mais inférieures à celles de l'Allemagne (12 836,9 de dollars), du Royaume-Uni (9 780,7 de dollars), du Japon (4 886,4 de dollars) et des États-Unis (4 488,4 de dollars). La croissance des exportations aux Maldives était supérieure à celle de l'Allemagne (5,0%), du Japon (3,5%), des États-Unis (3,3%) et du Royaume-Uni (2,8%); mais inférieure à celle de la Chine (12,7%).

Les années 2010

Les exportations des Maldives étaient de 3,1 milliards de dollars par an dans les années 2010, se situant au 142ème rang mondial à égalité avec Saint-Marin (3,1 milliards de dollars), Djibouti (3,0 milliards de dollars). La part dans le monde était de 0,014% et de 0,036% en Asie.

La structure des exportations: produits primaires (78,2%), articles manufacturés provenant de ressources naturelles (16,0%), articles manufacturés à faible technologie (1,1%), articles manufacturés de technologie moyenne (1,7%), articles manufacturés à haute technologie (1,5%).

Les Maldives a exporté des marchandises vers la Thaïlande (22,0%), le Sri Lanka (12,8%), la France (12,6%), les États-Unis (7,2%), le Royaume-Uni (6,6%) et d'autres pays (38,7%).

La part des exportations dans le PIB des Maldives était de 78,4% dans les années 2010, au 21ème rang mondial, à égalité avec l'Estonie (78,5%), les Îles Turks-et-Caïcos (77,9%).

Les exportations par habitant aux Maldives étaient de 6919.3 dollars dans les années 2010, se classant au 64ème rang mondial, à égalité avec le Panama (6 766,3 de dollars). Les exportations par habitant aux Maldives étaient 2,2 fois supérieures les exportations par habitant au Monde (3 098,9 US$), et 3,5 fois supérieures les exportations par habitant en Asie (1 964,3 US$).

La croissance des exportations aux Maldives était de 7.9% dans les années 2010, se classant au 37ème rang mondial. La croissance des exportations aux Maldives (7,9%) a été supérieure à celle du monde (4,4%), et supérieure à celle de l'Asie (5,3%).

Comparaison avec les voisins. La valeur des exportations aux Maldives était 151,1 fois inférieure à celle de l'Inde (467,2 milliards de dollars) et 5,3 fois inférieure à celle du Sri Lanka (16,3 milliards de dollars). Les exportations par habitant aux Maldives étaient 8,8 fois supérieures à celles du Sri Lanka (784,1 de dollars) et 19,3 fois supérieures à celles de l'Inde (358,9 de dollars). La croissance des exportations aux Maldives était supérieure à celle de l'Inde (5,8%) et du Sri Lanka (4,8%).

Comparaison avec les leaders. Les exportations des Maldives étaient 741,9 fois inférieures à celles de la Chine (2,3 billions de dollars), 734,2 fois inférieures à celles des États-Unis (2,3 billions de dollars), 544,5 fois inférieures à celles de l'Allemagne (1,7 billions de dollars), 278,0 fois inférieures à celles du Japon (859,4 milliards de dollars) et 263,7 fois inférieures à celles du Royaume-Uni (815,1 milliards de dollars). Les exportations par habitant aux Maldives étaient 3,0% supérieures à celles du Japon (6 718,2 de dollars) et 4,2 fois supérieures à celles de la Chine (1 635,3 de dollars); mais 3,0 fois inférieures à celles de l'Allemagne (20 563,4 de dollars), 44,3% inférieures à celles du Royaume-Uni (12 425,4 de dollars) et 2,6% inférieures à celles des États-Unis (7 104,2 de dollars). La croissance des exportations aux Maldives était supérieure à celle de la Chine (6,8%), de l'Allemagne (4,7%), du Japon (4,6%), des États-Unis (3,7%) et du Royaume-Uni (3,1%).

Chapitre XI. Importations

Les importations des Maldives sont passés de 32,5 millions de dollars par an dans les années 1970 à 3,0 milliards de dollars par an dans les années 2010, c'est-à-dire 3,0 milliards de dollars ou de 93,0 fois. La variation a été de 474,7 millions de dollars en raison de l'augmentation de 1,2 fois des prix, et de 2,4 milliards de dollars en raison de la croissance du taux par habitant de 23,6 fois, et de 75,7 millions de dollars en raison de la croissance démographique. La croissance annuelle moyenne des importations était de 10,4%. La valeur minimale était de 23,6 millions de dollars en 1970. La valeur maximale était de 4,4 milliards de dollars en 2018.

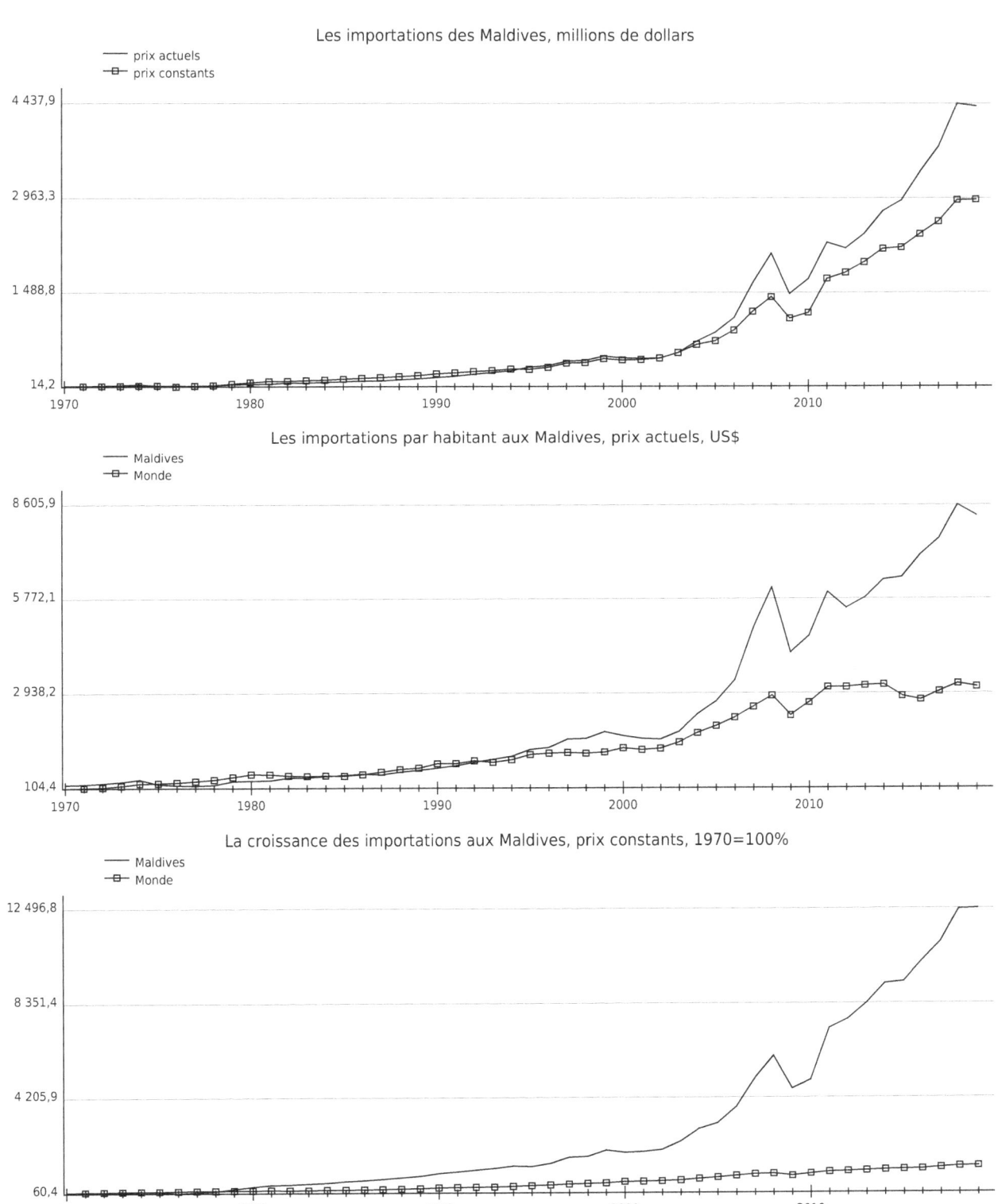

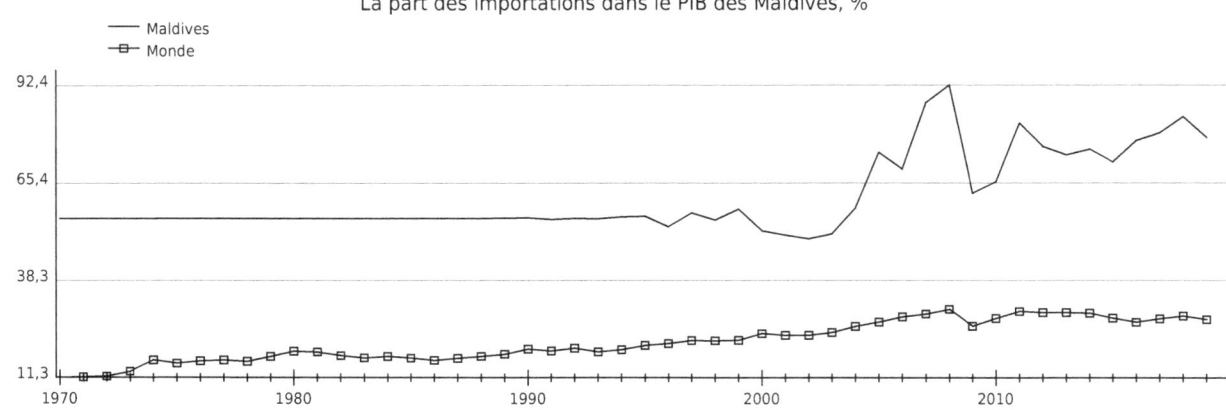

Les années 1970

Les importations des Maldives étaient de 32,5 millions de dollars par an dans les années 1970, au 164ème rang mondial. La part dans le monde était de 0,0033% et de 0,018% en Asie.

La part des importations dans le PIB des Maldives était de 55,6% dans les années 1970, se situant au 44ème rang mondial, à égalité avec la Dominique (55,6%), la Guinée équatoriale (55,7%), les Bahamas (55,3%).

Les importations par habitant aux Maldives étaient de 242.1 dollars dans les années 1970, au 109ème rang mondial, à égalité avec le Monde (244,3 de dollars), Saint-Vincent-et-les-Grenadines (246,4 de dollars). Les importations par habitant aux Maldives étaient 0,91% inférieures les importations par habitant au Monde (244,3 US$), et 3,0 fois supérieures les importations par habitant en Asie (79,6 US$).

La croissance des importations aux Maldives était de 10% dans les années 1970, se situant au 38ème rang mondial, à égalité avec le Togo (9,9%), Hong Kong (10,0%). La croissance des importations aux Maldives (10,0%) a été supérieure à celle du monde (6,3%), et supérieure à celle de l'Asie (9,6%).

Comparaison avec les voisins. La valeur des importations aux Maldives était inférieure à celle de l'Inde (6,0 milliards de dollars) et du Sri Lanka (1,0 milliards de dollars). Les importations par habitant aux Maldives étaient supérieures à celles du Sri Lanka (74,5 de dollars) et de l'Inde (9,7 de dollars). La croissance des importations aux Maldives était supérieure à celle de l'Inde (6,2%) et du Sri Lanka (0,82%).

Comparaison avec les leaders. Les importations des Maldives étaient inférieures à celles des États-Unis (133,2 milliards de dollars), de l'Allemagne (92,5 milliards de dollars), de la France (63,3 milliards de dollars), du Royaume-Uni (62,4 milliards de dollars) et du Japon (61,0 milliards de dollars). Les importations par habitant aux Maldives étaient inférieures à celles de la France (1 181,1 de dollars), de l'Allemagne (1 175,1 de dollars), du Royaume-Uni (1 113,2 de dollars), des États-Unis (610,4 de dollars) et du Japon (547,6 de dollars). La croissance des importations aux Maldives était supérieure à celle de la France (7,2%), du Japon (7,0%), de l'Allemagne (5,6%), des États-Unis (5,1%) et du Royaume-Uni (4,5%).

Les années 1980

Les importations des Maldives étaient de 89,0 millions de dollars par an dans les années 1980, se classant au 165ème rang mondial à égalité avec Saint-Vincent-et-les-Grenadines (89,1 millions de dollars), le Vanuatu (91,1 millions de dollars). La part dans le monde était de 0,0034% et de 0,015% en Asie.

La part des importations dans le PIB des Maldives était de 55,6% dans les années 1980, au 48ème rang mondial, à égalité avec la Gambie (55,4%), la Malaisie (55,4%), les Bahamas (55,9%).

Les importations par habitant aux Maldives étaient de 476.6 dollars dans les années 1980, se classant au 103ème rang mondial. Les importations par habitant aux Maldives étaient 11,6% inférieures les importations par habitant au Monde (539,1 US$), et 2,2 fois supérieures les importations par habitant en Asie (211,9 US$).

La croissance des importations aux Maldives était de 13% dans les années 1980, au 3ème rang mondial. La croissance des importations aux Maldives (13,0%) a été supérieure à celle du monde (3,8%), et supérieure à celle de l'Asie (4,9%).

Comparaison avec les voisins. La valeur des importations aux Maldives était inférieure à celle de l'Inde (18,8 milliards de dollars) et du

Chapitre XI. Importations

Sri Lanka (2,3 milliards de dollars). Les importations par habitant aux Maldives étaient supérieures à celles du Sri Lanka (142,3 de dollars) et de l'Inde (24,3 de dollars). La croissance des importations aux Maldives était supérieure à celle de l'Inde (7,1%) et du Sri Lanka (3,0%).

Comparaison avec les leaders. Les importations des Maldives étaient inférieures à celles des États-Unis (417,2 milliards de dollars), de l'Allemagne (225,6 milliards de dollars), du Japon (175,9 milliards de dollars), de la France (162,0 milliards de dollars) et du Royaume-Uni (157,7 milliards de dollars). Les importations par habitant aux Maldives étaient inférieures à celles de l'Allemagne (2 891,9 de dollars), de la France (2 867,2 de dollars), du Royaume-Uni (2 793,0 de dollars), des États-Unis (1 742,4 de dollars) et du Japon (1 450,4 de dollars). La croissance des importations aux Maldives était supérieure à celle des États-Unis (5,8%), du Royaume-Uni (5,1%), du Japon (4,6%), de la France (4,3%) et de l'Allemagne (3,3%).

Les années 1990

La valeur des importations aux Maldives était de 301,3 millions de dollars par an dans les années 1990, se classant au 182ème rang mondial à égalité avec la Guinée équatoriale (301,4 millions de dollars). La part dans le monde était de 0,0052% et de 0,020% en Asie.

La part des importations dans le PIB des Maldives était de 55,9% dans les années 1990, au 60ème rang mondial, à égalité avec l'Arménie (56,1%), le Vanuatu (56,2%), Saint-Vincent-et-les-Grenadines (56,2%).

Les importations par habitant aux Maldives étaient de 1205.3 dollars dans les années 1990, au 85ème rang mondial, à égalité avec l'Asie de l'Ouest (1 199,8 de dollars), la Jamaïque (1 192,3 de dollars), la Lettonie (1 189,5 de dollars). Les importations par habitant aux Maldives étaient 18,7% supérieures les importations par habitant au Monde (1 015,5 US$), et 2,8 fois supérieures les importations par habitant en Asie (430,1 US$).

La croissance des importations aux Maldives était de 9.2% dans les années 1990, se situant au 36ème rang mondial, à égalité avec l'Amérique du Sud (9,1%), le Guatemala (9,1%), la république du Congo (9,1%). La croissance des importations aux Maldives (9,2%) a été supérieure à celle du monde (6,6%), et supérieure à celle de l'Asie (6,8%).

Comparaison avec les voisins. La valeur des importations aux Maldives était inférieure à celle de l'Inde (39,9 milliards de dollars) et du Sri Lanka (5,2 milliards de dollars). Les importations par habitant aux Maldives étaient supérieures à celles du Sri Lanka (289,6 de dollars) et de l'Inde (41,8 de dollars). La croissance des importations aux Maldives était supérieure à celle du Sri Lanka (7,0%); mais inférieure à celle de l'Inde (12,9%).

Comparaison avec les leaders. La valeur des importations aux Maldives était inférieure à celle des États-Unis (874,1 milliards de dollars), de l'Allemagne (501,6 milliards de dollars), du Japon (355,9 milliards de dollars), du Royaume-Uni (330,2 milliards de dollars) et de la France (308,5 milliards de dollars). Les importations par habitant aux Maldives étaient inférieures à celles de l'Allemagne (6 220,3 de dollars), du Royaume-Uni (5 705,3 de dollars), de la France (5 194,4 de dollars), des États-Unis (3 305,6 de dollars) et du Japon (2 822,9 de dollars). La croissance des importations aux Maldives était supérieure à celle des États-Unis (8,3%), de l'Allemagne (6,4%), de la France (5,1%), du Royaume-Uni (5,1%) et du Japon (3,3%).

Les années 2000

Les importations des Maldives étaient de 977,5 millions de dollars par an dans les années 2000, se situant au 170ème rang mondial à égalité avec Saint-Martin (969,5 millions de dollars). La part dans le monde était de 0,0079% et de 0,028% en Asie.

La structure des importations: produits primaires (14,5%), articles manufacturés provenant de ressources naturelles (33,1%), articles manufacturés à faible technologie (17,3%), articles manufacturés de technologie moyenne (22,7%), articles manufacturés à haute technologie (11,7%).

Les Maldives a importé des marchandises en provenance Singapour (28,1%), les Émirats arabes unis (18,5%), la Malaisie (7,8%), l'Inde (7,8%), le Sri Lanka (6,4%) et d'autres pays (31,4%).

La part des importations dans le PIB des Maldives était de 68,9% dans les années 2000, se situant au 36ème rang mondial.

Les importations par habitant aux Maldives étaient de 3100.6 dollars dans les années 2000, se situant au 77ème rang mondial, à égalité avec la Pologne (3 077,5 de dollars). Les importations par habitant aux Maldives étaient 63,2% supérieures les importations par habitant au Monde (1 899,9 US$), et 3,5 fois supérieures les importations par habitant en Asie (898,2 US$).

La croissance des importations aux Maldives était de 9.2% dans les années 2000, se situant au 46ème rang mondial, à égalité avec la

Lituanie (9,1%), l'Iran (9,1%), le Malawi (9,1%). La croissance des importations aux Maldives (9,2%) a été supérieure à celle du monde (5,1%), et supérieure à celle de l'Asie (7,8%).

Comparaison avec les voisins. La valeur des importations aux Maldives était inférieure à celle de l'Inde (186,2 milliards de dollars) et du Sri Lanka (10,1 milliards de dollars). Les importations par habitant aux Maldives étaient supérieures à celles du Sri Lanka (519,1 de dollars) et de l'Inde (163,6 de dollars). La croissance des importations aux Maldives était supérieure à celle du Sri Lanka (4,0%); mais inférieure à celle de l'Inde (13,5%).

Comparaison avec les leaders. Les importations des Maldives étaient inférieures à celles des États-Unis (1,9 billions de dollars), de l'Allemagne (914,7 milliards de dollars), du Royaume-Uni (641,8 milliards de dollars), de la Chine (641,1 milliards de dollars) et du Japon (566,4 milliards de dollars). Les importations par habitant aux Maldives étaient supérieures à celles de la Chine (483,3 de dollars); mais inférieures à celles de l'Allemagne (11 237,8 de dollars), du Royaume-Uni (10 620,4 de dollars), des États-Unis (6 400,9 de dollars) et du Japon (4 418,9 de dollars). La croissance des importations aux Maldives était supérieure à celle de l'Allemagne (3,7%), du Royaume-Uni (3,1%), des États-Unis (2,8%) et du Japon (1,8%); mais inférieure à celle de la Chine (15,1%).

Les années 2010

La valeur des importations aux Maldives était de 3,0 milliards de dollars par an dans les années 2010, se classant au 153ème rang mondial à égalité avec le Niger (3,0 milliards de dollars), le Guyana (3,0 milliards de dollars), la Polynésie (3,1 milliards de dollars). La part dans le monde était de 0,014% et de 0,038% en Asie.

La structure des importations: produits primaires (16,4%), articles manufacturés provenant de ressources naturelles (36,0%), articles manufacturés à faible technologie (14,5%), articles manufacturés de technologie moyenne (21,1%), articles manufacturés à haute technologie (11,4%).

Les Maldives a importé des marchandises en provenance les Émirats arabes unis (26,4%), Singapour (17,6%), la Chine (9,5%), l'Inde (8,1%), la Malaisie (5,8%) et d'autres pays (32,6%).

La part des importations dans le PIB des Maldives était de 76,7% dans les années 2010, se classant au 27ème rang mondial, à égalité avec Micronésie (76,7%), les Îles Vierges britanniques (77,0%).

Les importations par habitant aux Maldives étaient de 6765.7 dollars dans les années 2010, au 73ème rang mondial, à égalité avec la Malaisie (6 785,5 de dollars), le Japon (6 862,7 de dollars), l'Arabie saoudite (6 888,7 de dollars). Les importations par habitant aux Maldives étaient 2,2 fois supérieures les importations par habitant au Monde (3 015,6 US$), et 3,7 fois supérieures les importations par habitant en Asie (1 813,7 US$).

La croissance des importations aux Maldives était de 10.5% dans les années 2010, se situant au 13ème rang mondial, à égalité avec la Birmanie (10,5%), la république démocratique du Congo (10,6%). La croissance des importations aux Maldives (10,5%) a été supérieure à celle du monde (4,4%), et supérieure à celle de l'Asie (5,4%).

Comparaison avec les voisins. Les importations des Maldives étaient 180,6 fois inférieures à celles de l'Inde (546,0 milliards de dollars) et 7,5 fois inférieures à celles du Sri Lanka (22,7 milliards de dollars). Les importations par habitant aux Maldives étaient 6,2 fois supérieures à celles du Sri Lanka (1 090,1 de dollars) et 16,1 fois supérieures à celles de l'Inde (419,4 de dollars). La croissance des importations aux Maldives était supérieure à celle du Sri Lanka (6,3%) et de l'Inde (4,6%).

Comparaison avec les leaders. Les importations des Maldives étaient 932,0 fois inférieures à celles des États-Unis (2,8 billions de dollars), 684,5 fois inférieures à celles de la Chine (2,1 billions de dollars), 481,3 fois inférieures à celles de l'Allemagne (1,5 billions de dollars), 290,4 fois inférieures à celles du Japon (877,9 milliards de dollars) et 282,8 fois inférieures à celles du Royaume-Uni (854,8 milliards de dollars). Les importations par habitant aux Maldives étaient 4,6 fois supérieures à celles de la Chine (1 475,4 de dollars); mais 2,6 fois inférieures à celles de l'Allemagne (17 771,2 de dollars), 48,1% inférieures à celles du Royaume-Uni (13 030,6 de dollars), 23,3% inférieures à celles des États-Unis (8 817,8 de dollars) et 1,4% inférieures à celles du Japon (6 862,7 de dollars). La croissance des importations aux Maldives était supérieure à celle de la Chine (8,2%), de l'Allemagne (4,8%), des États-Unis (4,4%), du Japon (3,8%) et du Royaume-Uni (3,6%).

Partie IV. Consommation

Chapitre XII. Dépenses publiques

Dépenses de consommation des administrations publiques

Les dépense de consommation publique des Maldives sont passés de 7,0 millions de dollars par an dans les années 1970 à 668,1 millions de dollars par an dans les années 2010, c'est-à-dire 661,1 millions de dollars ou de 95,3 fois. La variation a été de 447,1 millions de dollars en raison de l'augmentation de 3,0 fois des prix, et de 197,7 millions de dollars en raison de la croissance du taux par habitant de 9,5 fois, et de 16,3 millions de dollars en raison de la croissance démographique. La croissance annuelle moyenne des dépenses publiques était de 8,1%. La valeur minimale était de 5,1 millions de dollars en 1970. La valeur maximale était de 871,0 millions de dollars en 2019.

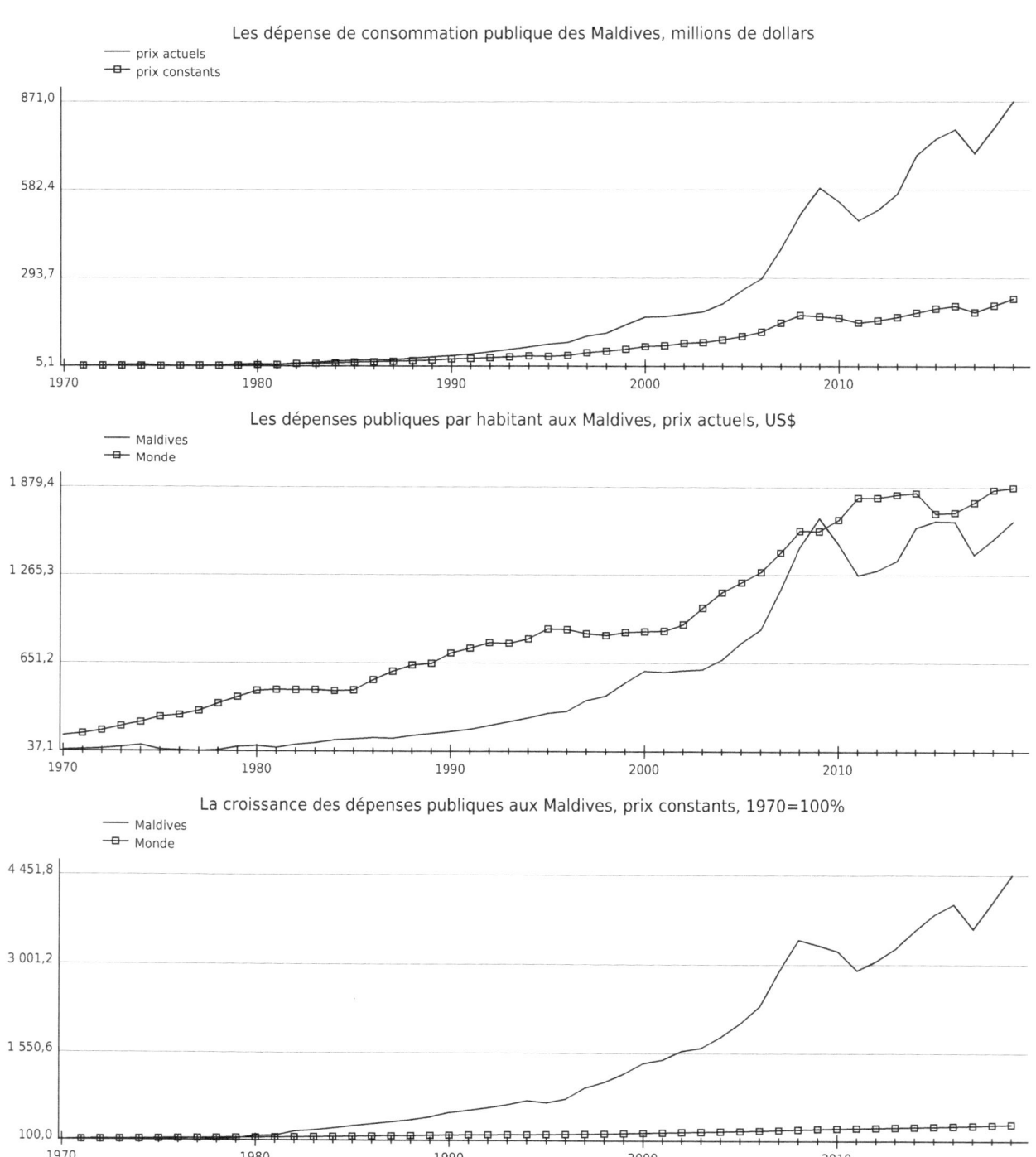

Chapitre XII. Dépenses publiques

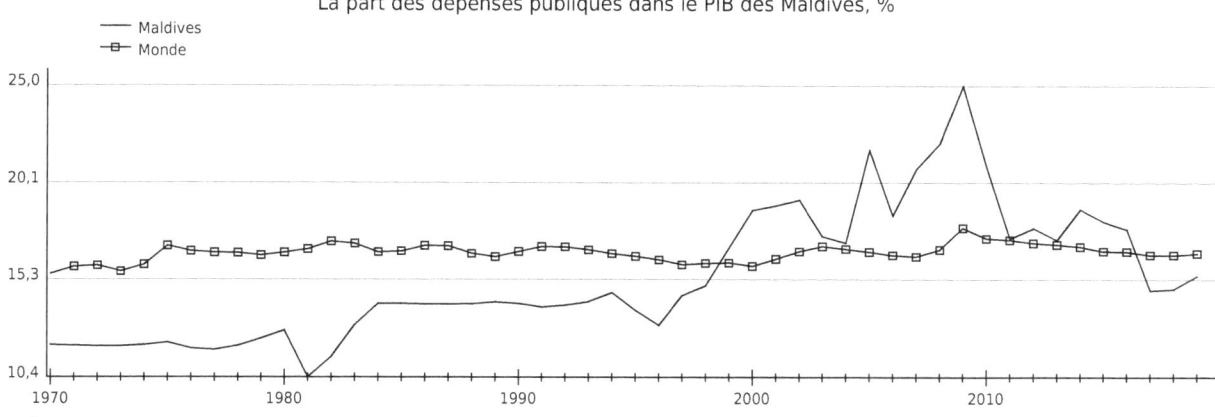

Les années 1970

Les dépense publique des Maldives étaient de 7,0 millions de dollars par an dans les années 1970, se classant au 173ème rang mondial. La part dans le monde était de 0,0007% et de 0,0044% en Asie.

La part des dépenses publiques dans le PIB des Maldives était de 12,0% dans les années 1970, se situant au 132ème rang mondial, à égalité avec le Koweït (11,9%), l'Asie du Sud (11,9%), le Portugal (12,1%).

Les dépenses publiques par habitant aux Maldives étaient de 52.2 dollars dans les années 1970, au 141ème rang mondial, à égalité avec le Cameroun (52,2 de dollars), le Bhoutan (52,1 de dollars), le Guatemala (52,1 de dollars). Les dépense publique par habitant aux Maldives étaient 5,1 fois inférieures les dépenses publiques par habitant au Monde (265,2 US$), et 24,2% inférieures les dépense de consommation publique par habitant en Asie (68,9 US$).

La croissance des dépenses publiques aux Maldives était de 2.8% dans les années 1970, se situant au 152ème rang mondial. La croissance des dépenses publiques aux Maldives (2,8%) a été inférieure à celle du monde (3,7%), et inférieure à celle de l'Asie (6,9%).

Comparaison avec les voisins. Les dépenses publiques des Maldives étaient inférieures à celles de l'Inde (9,3 milliards de dollars) et du Sri Lanka (214,6 millions de dollars). Les dépense de consommation publique par habitant aux Maldives étaient supérieures à celles du Sri Lanka (15,7 de dollars) et de l'Inde (15,1 de dollars). La croissance des dépenses publiques aux Maldives était inférieure à celle de l'Inde (4,5%) et du Sri Lanka (3,3%).

Comparaison avec les leaders. Les dépenses publiques des Maldives étaient inférieures à celles des États-Unis (285,9 milliards de dollars), de l'URSS (117,3 milliards de dollars), de l'Allemagne (95,6 milliards de dollars), du Japon (78,0 milliards de dollars) et de la France (64,5 milliards de dollars). Les dépenses publiques par habitant aux Maldives étaient inférieures à celles des États-Unis (1 310,2 de dollars), de l'Allemagne (1 213,7 de dollars), de la France (1 202,3 de dollars), du Japon (700,2 de dollars) et de l'URSS (465,0 de dollars). La croissance des dépenses publiques aux Maldives était supérieure à celle des États-Unis (0,94%); mais inférieure à celle de l'URSS (7,2%), du Japon (5,3%), de la France (5,0%) et de l'Allemagne (4,4%).

Les années 1980

Les dépenses publiques des Maldives étaient de 21,5 millions de dollars par an dans les années 1980, au 173ème rang mondial. La part dans le monde était de 0,0009% et de 0,0045% en Asie.

La part des dépenses publiques dans le PIB des Maldives était de 13,5% dans les années 1980, se situant au 126ème rang mondial, à égalité avec le Portugal (13,4%), Maurice (13,4%), la Chine (13,5%).

Les dépenses publiques par habitant aux Maldives étaient de 115.4 dollars dans les années 1980, au 134ème rang mondial, à égalité avec la Thaïlande (114,5 de dollars), le Cap-Vert (117,3 de dollars). Les dépense publique par habitant aux Maldives étaient 4,5 fois inférieures les dépense de consommation publique par habitant au Monde (523,5 US$), et 32,2% inférieures les dépenses publiques par habitant en Asie (170,1 US$).

La croissance des dépenses publiques aux Maldives était de 14.2% dans les années 1980, se classant au 3ème rang mondial, à égalité avec Sao Tomé-et-Principe (14,1%). La croissance des dépenses publiques aux Maldives (14,2%) a été supérieure à celle du monde (2,7%), et supérieure à celle de l'Asie (4,2%).

Comparaison avec les voisins. Les dépense publique des Maldives étaient inférieures à celles de l'Inde (26,2 milliards de dollars) et du Sri Lanka (417,2 millions de dollars). Les dépense publique par habitant aux Maldives étaient supérieures à celles de l'Inde (33,8 de dollars) et du Sri Lanka (26,0 de dollars). La croissance des dépenses publiques aux Maldives était supérieure à celle de l'Inde (6,9%) et du Sri Lanka (4,1%).

Comparaison avec les leaders. Les dépense publique des Maldives étaient inférieures à celles des États-Unis (665,3 milliards de dollars), du Japon (257,4 milliards de dollars), de l'Allemagne (203,7 milliards de dollars), de l'URSS (181,1 milliards de dollars) et de la France (159,8 milliards de dollars). Les dépense de consommation publique par habitant aux Maldives étaient inférieures à celles de la France (2 826,9 de dollars), des États-Unis (2 778,2 de dollars), de l'Allemagne (2 611,1 de dollars), du Japon (2 122,5 de dollars) et de l'URSS (658,0 de dollars). La croissance des dépenses publiques aux Maldives était supérieure à celle de l'URSS (5,4%), du Japon (3,5%), de la France (2,8%), des États-Unis (2,6%) et de l'Allemagne (0,98%).

Les années 1990

Les dépense publique des Maldives étaient de 78,3 millions de dollars par an dans les années 1990, se classant au 185ème rang mondial. La part dans le monde était de 0,0017% et de 0,0071% en Asie.

La part des dépenses publiques dans le PIB des Maldives était de 14,5% dans les années 1990, se situant au 122ème rang mondial, à égalité avec l'Est (14,5%), le Belize (14,6%).

Les dépenses publiques par habitant aux Maldives étaient de 313.4 dollars dans les années 1990, se classant au 109ème rang mondial, à égalité avec la Biélorussie (312,3 de dollars), le Monténégro (315,1 de dollars), l'Angola (317,0 de dollars). Les dépense de consommation publique par habitant aux Maldives étaient 2,6 fois inférieures les dépenses publiques par habitant au Monde (824,8 US$), et 1,7% inférieures les dépense publique par habitant en Asie (318,7 US$).

La croissance des dépenses publiques aux Maldives était de 9.6% dans les années 1990, au 10ème rang mondial. La croissance des dépenses publiques aux Maldives (9,6%) a été supérieure à celle du monde (2,0%), et supérieure à celle de l'Asie (5,0%).

Comparaison avec les voisins. Les dépenses publiques des Maldives étaient inférieures à celles de l'Inde (40,1 milliards de dollars) et du Sri Lanka (1,0 milliards de dollars). Les dépense publique par habitant aux Maldives étaient supérieures à celles du Sri Lanka (57,9 de dollars) et de l'Inde (42,0 de dollars). La croissance des dépenses publiques aux Maldives était supérieure à celle de l'Inde (6,1%) et du Sri Lanka (5,4%).

Comparaison avec les leaders. Les dépense de consommation publique des Maldives étaient inférieures à celles des États-Unis (1,1 billions de dollars), du Japon (651,8 milliards de dollars), de l'Allemagne (419,6 milliards de dollars), de la France (325,4 milliards de dollars) et du Royaume-Uni (234,6 milliards de dollars). Les dépenses publiques par habitant aux Maldives étaient inférieures à celles de la France (5 479,6 de dollars), de l'Allemagne (5 203,8 de dollars), du Japon (5 169,1 de dollars), des États-Unis (4 287,3 de dollars) et du Royaume-Uni (4 053,6 de dollars). La croissance des dépenses publiques aux Maldives était supérieure à celle du Japon (3,0%), de l'Allemagne (2,4%), du Royaume-Uni (2,1%), de la France (1,8%) et des États-Unis (1,3%).

Les années 2000

Les dépenses publiques des Maldives étaient de 292,7 millions de dollars par an dans les années 2000, au 168ème rang mondial à égalité avec le Tadjikistan (292,5 millions de dollars). La part dans le monde était de 0,0037% et de 0,016% en Asie.

La part des dépenses publiques dans le PIB des Maldives était de 20,6% dans les années 2000, se classant au 38ème rang mondial, à égalité avec le Bhoutan (20,6%), l'Europe du Nord (20,5%).

Les dépense publique par habitant aux Maldives étaient de 928.4 dollars dans les années 2000, se situant au 82ème rang mondial, à égalité avec le Gabon (929,1 de dollars), les Caraïbes (917,3 de dollars), la Russie (943,7 de dollars). Les dépense publique par habitant aux Maldives étaient 22,7% inférieures les dépense de consommation publique par habitant au Monde (1 200,9 US$), et 94,5% supérieures les dépenses publiques par habitant en Asie (477,4 US$).

La croissance des dépenses publiques aux Maldives était de 10.6% dans les années 2000, au 14ème rang mondial, à égalité avec la Birmanie (10,7%). La croissance des dépenses publiques aux Maldives (10,6%) a été supérieure à celle du monde (3,1%), et supérieure à celle de l'Asie (5,3%).

Comparaison avec les voisins. Les dépenses publiques des Maldives étaient inférieures à celles de l'Inde (89,0 milliards de dollars) et du Sri Lanka (2,4 milliards de dollars). Les dépense publique par habitant aux Maldives étaient supérieures à celles du Sri Lanka (121,3

Chapitre XII. Dépenses publiques

de dollars) et de l'Inde (78,2 de dollars). La croissance des dépenses publiques aux Maldives était supérieure à celle du Sri Lanka (6,9%) et de l'Inde (5,7%).

Comparaison avec les leaders. Les dépense publique des Maldives étaient inférieures à celles des États-Unis (1,9 billions de dollars), du Japon (844,2 milliards de dollars), de l'Allemagne (520,1 milliards de dollars), de la France (479,9 milliards de dollars) et du Royaume-Uni (453,4 milliards de dollars). Les dépenses publiques par habitant aux Maldives étaient inférieures à celles de la France (7 640,9 de dollars), du Royaume-Uni (7 501,5 de dollars), du Japon (6 586,4 de dollars), des États-Unis (6 545,9 de dollars) et de l'Allemagne (6 389,7 de dollars). La croissance des dépenses publiques aux Maldives était supérieure à celle du Royaume-Uni (2,9%), des États-Unis (2,2%), du Japon (1,7%), de la France (1,7%) et de l'Allemagne (1,4%).

Les années 2010

Les dépenses publiques des Maldives étaient de 668,1 millions de dollars par an dans les années 2010, au 164ème rang mondial à égalité avec la Barbade (657,4 millions de dollars). La part dans le monde était de 0,0051% et de 0,016% en Asie.

La part des dépenses publiques dans le PIB des Maldives était de 16,9% dans les années 2010, se classant au 96ème rang mondial, à égalité avec l'Est (16,9%), Chypre (17,1%), le Monde (16,8%).

Les dépense de consommation publique par habitant aux Maldives étaient de 1495.4 dollars dans les années 2010, se classant au 88ème rang mondial, à égalité avec la Roumanie (1 514,3 de dollars), Micronésie (1 532,6 de dollars). Les dépense publique par habitant aux Maldives étaient 16,2% inférieures les dépense publique par habitant au Monde (1 785,1 US$), et 54,0% supérieures les dépenses publiques par habitant en Asie (970,7 US$).

La croissance des dépenses publiques aux Maldives était de 3% dans les années 2010, au 94ème rang mondial, à égalité avec la Tunisie (3,0%), l'Afrique (3,0%). La croissance des dépenses publiques aux Maldives (3,0%) a été supérieure à celle du monde (2,3%), et inférieure à celle de l'Asie (5,2%).

Comparaison avec les voisins. Les dépenses publiques des Maldives étaient 354,4 fois inférieures à celles de l'Inde (236,7 milliards de dollars) et 9,8 fois inférieures à celles du Sri Lanka (6,6 milliards de dollars). Les dépense de consommation publique par habitant aux Maldives étaient 4,7 fois supérieures à celles du Sri Lanka (315,5 de dollars) et 8,2 fois supérieures à celles de l'Inde (181,8 de dollars). La croissance des dépenses publiques aux Maldives était supérieure à celle du Sri Lanka (2,1%); mais inférieure à celle de l'Inde (5,7%).

Comparaison avec les leaders. Les dépense publique des Maldives étaient 3 971,5 fois inférieures à celles des États-Unis (2,7 billions de dollars), 2 513,3 fois inférieures à celles de la Chine (1,7 billions de dollars), 1 561,1 fois inférieures à celles du Japon (1,0 billions de dollars), 1 080,0 fois inférieures à celles de l'Allemagne (721,6 milliards de dollars) et 954,8 fois inférieures à celles de la France (637,9 milliards de dollars). Les dépense publique par habitant aux Maldives étaient 24,9% supérieures à celles de la Chine (1 197,3 de dollars); mais 6,4 fois inférieures à celles de la France (9 617,6 de dollars), 5,9 fois inférieures à celles de l'Allemagne (8 815,0 de dollars), 5,6 fois inférieures à celles des États-Unis (8 304,9 de dollars) et 5,5 fois inférieures à celles du Japon (8 152,8 de dollars). La croissance des dépenses publiques aux Maldives était supérieure à celle de l'Allemagne (1,9%), du Japon (1,3%), de la France (1,3%) et des États-Unis (0,0052%); mais inférieure à celle de la Chine (8,3%).

Chapitre XIII. Dépenses ménagères

Dépenses de consommation des ménages

Les dépenses ménagères des Maldives sont passés de 29,5 millions de dollars par an dans les années 1970 à 1,7 milliards de dollars par an dans les années 2010, c'est-à-dire 1,6 milliards de dollars ou de 56,0 fois. La variation a été de 968,9 millions de dollars en raison de l'augmentation de 2,4 fois des prix, et de 588,2 millions de dollars en raison de la croissance du taux par habitant de 7,0 fois, et de 68,8 millions de dollars en raison de la croissance démographique. La croissance annuelle moyenne des dépenses ménagères était de 7,9%. La valeur minimale était de 21,4 millions de dollars en 1970. La valeur maximale était de 2,6 milliards de dollars en 2019.

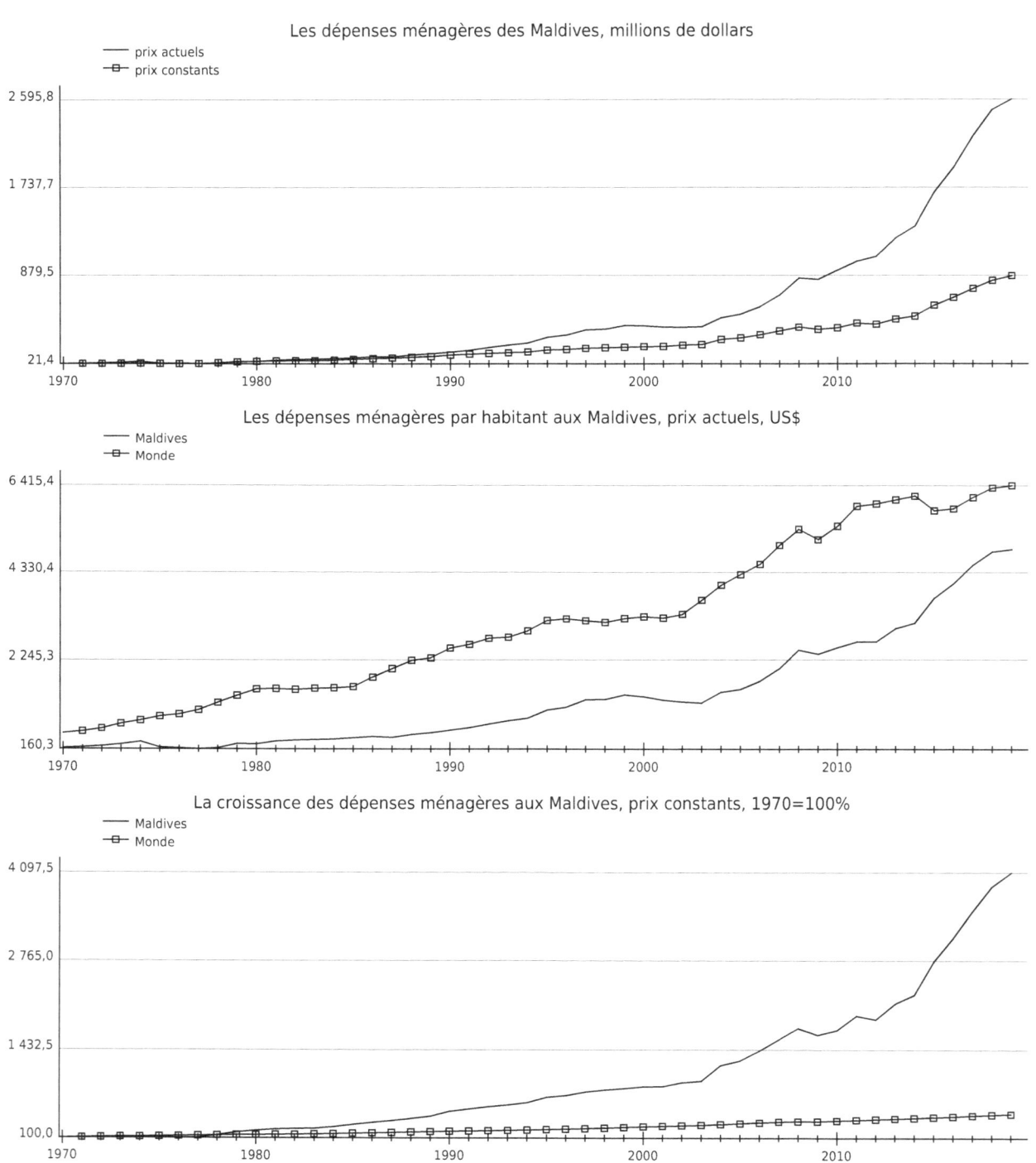

Chapitre XIII. Dépenses ménagères

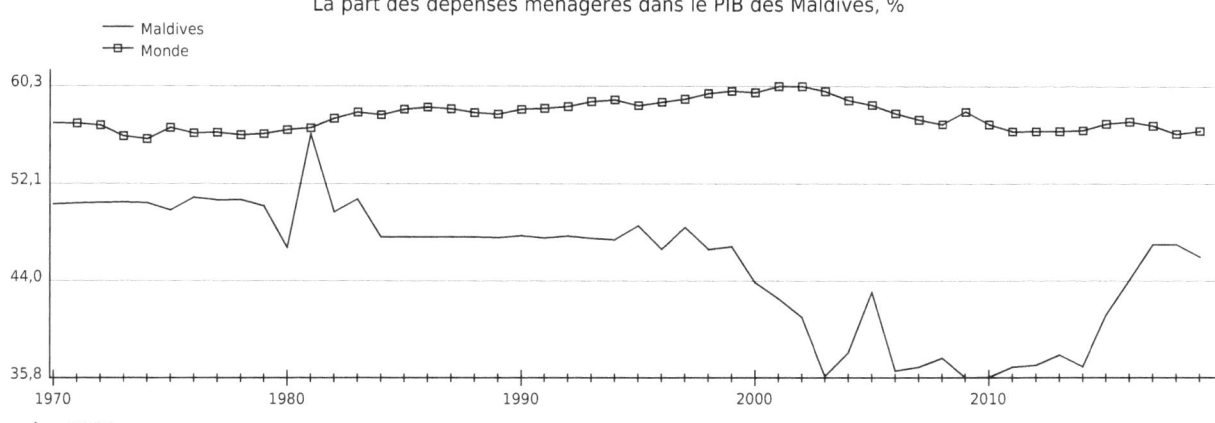

Les années 1970

Les dépenses ménagères des Maldives étaient de 29,5 millions de dollars par an dans les années 1970, au 172ème rang mondial. La part dans le monde était de 0,0008% et de 0,0045% en Asie.

La part des dépenses ménagères dans le PIB des Maldives était de 50,5% dans les années 1970, se situant au 154ème rang mondial, à égalité avec la Norvège (50,5%), l'Est (50,6%), le Japon (50,3%).

Les dépenses ménagères par habitant aux Maldives étaient de 220.1 dollars dans les années 1970, au 144ème rang mondial, à égalité avec le Sri Lanka (222,8 de dollars), l'Égypte (217,1 de dollars). Les dépenses ménagères par habitant aux Maldives étaient 4,2 fois inférieures les dépenses ménagères par habitant au Monde (914,8 US$), et 22,1% inférieures les dépenses ménagères par habitant en Asie (282,4 US$).

La croissance des dépenses ménagères aux Maldives était de 7% dans les années 1970, se situant au 38ème rang mondial, à égalité avec Singapour (7,0%), la Bulgarie (7,0%), Sainte-Lucie (7,0%). La croissance des dépenses ménagères aux Maldives (7,0%) a été supérieure à celle du monde (4,1%), et supérieure à celle de l'Asie (5,2%).

Comparaison avec les voisins. Les dépenses ménagères des Maldives étaient inférieures à celles de l'Inde (77,8 milliards de dollars) et du Sri Lanka (3,0 milliards de dollars). Les dépenses ménagères par habitant aux Maldives étaient supérieures à celles de l'Inde (126,1 de dollars); mais inférieures à celles du Sri Lanka (222,8 de dollars). La croissance des dépenses ménagères aux Maldives était supérieure à celle du Sri Lanka (5,0%) et de l'Inde (2,7%).

Comparaison avec les leaders. Les dépenses ménagères des Maldives étaient inférieures à celles des États-Unis (1,0 billions de dollars), de l'URSS (310,6 milliards de dollars), du Japon (280,9 milliards de dollars), de l'Allemagne (277,8 milliards de dollars) et de la France (180,7 milliards de dollars). Les dépenses ménagères par habitant aux Maldives étaient inférieures à celles des États-Unis (4 744,5 de dollars), de l'Allemagne (3 527,2 de dollars), de la France (3 371,0 de dollars), du Japon (2 523,0 de dollars) et de l'URSS (1 231,6 de dollars). La croissance des dépenses ménagères aux Maldives était supérieure à celle du Japon (5,1%), de l'URSS (4,7%), de la France (4,0%), des États-Unis (3,6%) et de l'Allemagne (3,6%).

Les années 1980

Les dépenses ménagères des Maldives étaient de 77,7 millions de dollars par an dans les années 1980, au 172ème rang mondial à égalité avec Micronésie (78,7 millions de dollars). La part dans le monde était de 0,0009% et de 0,0041% en Asie.

La part des dépenses ménagères dans le PIB des Maldives était de 48,6% dans les années 1980, se situant au 163ème rang mondial, à égalité avec la Norvège (48,5%), la Suède (48,9%), l'Est (49,0%).

Les dépenses ménagères par habitant aux Maldives étaient de 416.4 dollars dans les années 1980, se situant au 139ème rang mondial. Les dépenses ménagères par habitant aux Maldives étaient 4,3 fois inférieures les dépenses ménagères par habitant au Monde (1 808,0 US$), et 37,5% inférieures les dépenses ménagères par habitant en Asie (666,0 US$).

La croissance des dépenses ménagères aux Maldives était de 8.7% dans les années 1980, se classant au 7ème rang mondial, à égalité avec les Émirats arabes unis (8,7%). La croissance des dépenses ménagères aux Maldives (8,7%) a été supérieure à celle du monde (3,0%), et supérieure à celle de l'Asie (4,7%).

Comparaison avec les voisins. Les dépenses ménagères des Maldives étaient inférieures à celles de l'Inde (176,1 milliards de dollars) et du Sri Lanka (5,3 milliards de dollars). Les dépenses ménagères par habitant aux Maldives étaient supérieures à celles du Sri Lanka (329,6 de dollars) et de l'Inde (226,8 de dollars). La croissance des dépenses ménagères aux Maldives était supérieure à celle du Sri Lanka (5,3%) et de l'Inde (4,7%).

Comparaison avec les leaders. Les dépenses ménagères des Maldives étaient inférieures à celles des États-Unis (2,6 billions de dollars), du Japon (945,6 milliards de dollars), de l'Allemagne (575,7 milliards de dollars), de l'URSS (424,6 milliards de dollars) et du Royaume-Uni (416,5 milliards de dollars). Les dépenses ménagères par habitant aux Maldives étaient inférieures à celles des États-Unis (10 904,4 de dollars), du Japon (7 796,6 de dollars), de l'Allemagne (7 378,3 de dollars), du Royaume-Uni (7 376,3 de dollars) et de l'URSS (1 542,8 de dollars). La croissance des dépenses ménagères aux Maldives était supérieure à celle du Japon (3,7%), du Royaume-Uni (3,5%), des États-Unis (3,2%), de l'URSS (3,0%) et de l'Allemagne (1,8%).

Les années 1990

Les dépenses ménagères des Maldives étaient de 255,6 millions de dollars par an dans les années 1990, au 184ème rang mondial à égalité avec le Liberia (257,1 millions de dollars). La part dans le monde était de 0,0015% et de 0,0061% en Asie.

La part des dépenses ménagères dans le PIB des Maldives était de 47,5% dans les années 1990, se classant au 187ème rang mondial, à égalité avec la Russie (47,5%).

Les dépenses ménagères par habitant aux Maldives étaient de 1022.8 dollars dans les années 1990, se classant au 117ème rang mondial, à égalité avec le Kazakhstan (1 023,0 de dollars), la Roumanie (1 022,4 de dollars), l'Iran (1 015,1 de dollars). Les dépenses ménagères par habitant aux Maldives étaient 2,9 fois inférieures les dépenses ménagères par habitant au Monde (2 963,9 US$), et 15,3% inférieures les dépenses ménagères par habitant en Asie (1 208,2 US$).

La croissance des dépenses ménagères aux Maldives était de 7.2% dans les années 1990, au 12ème rang mondial. La croissance des dépenses ménagères aux Maldives (7,2%) a été supérieure à celle du monde (3,0%), et supérieure à celle de l'Asie (4,4%).

Comparaison avec les voisins. Les dépenses ménagères des Maldives étaient inférieures à celles de l'Inde (234,2 milliards de dollars) et du Sri Lanka (10,7 milliards de dollars). Les dépenses ménagères par habitant aux Maldives étaient supérieures à celles du Sri Lanka (592,2 de dollars) et de l'Inde (245,2 de dollars). La croissance des dépenses ménagères aux Maldives était supérieure à celle du Sri Lanka (5,4%) et de l'Inde (4,8%).

Comparaison avec les leaders. Les dépenses ménagères des Maldives étaient inférieures à celles des États-Unis (4,9 billions de dollars), du Japon (2,3 billions de dollars), de l'Allemagne (1,2 billions de dollars), du Royaume-Uni (884,5 milliards de dollars) et de la France (783,0 milliards de dollars). Les dépenses ménagères par habitant aux Maldives étaient inférieures à celles des États-Unis (18 538,8 de dollars), du Japon (18 170,3 de dollars), du Royaume-Uni (15 280,6 de dollars), de l'Allemagne (15 158,9 de dollars) et de la France (13 185,2 de dollars). La croissance des dépenses ménagères aux Maldives était supérieure à celle des États-Unis (3,4%), du Royaume-Uni (2,8%), de l'Allemagne (2,1%), du Japon (1,8%) et de la France (1,8%).

Les années 2000

Les dépenses ménagères des Maldives étaient de 543,2 millions de dollars par an dans les années 2000, se situant au 184ème rang mondial. La part dans le monde était de 0,0020% et de 0,0083% en Asie.

La part des dépenses ménagères dans le PIB des Maldives était de 38,3% dans les années 2000, se classant au 194ème rang mondial.

Les dépenses ménagères par habitant aux Maldives étaient de 1723 dollars dans les années 2000, se classant au 126ème rang mondial, à égalité avec Micronésie (1 738,3 de dollars), le Guatemala (1 754,2 de dollars), la Biélorussie (1 763,2 de dollars). Les dépenses ménagères par habitant aux Maldives étaient 2,4 fois inférieures les dépenses ménagères par habitant au Monde (4 208,2 US$), et 4,4% supérieures les dépenses ménagères par habitant en Asie (1 649,6 US$).

La croissance des dépenses ménagères aux Maldives était de 6.9% dans les années 2000, se situant au 35ème rang mondial, à égalité avec la Jordanie (6,9%), Bahreïn (6,9%). La croissance des dépenses ménagères aux Maldives (6,9%) a été supérieure à celle du monde (3,0%), et supérieure à celle de l'Asie (4,4%).

Comparaison avec les voisins. Les dépenses ménagères des Maldives étaient inférieures à celles de l'Inde (483,5 milliards de dollars) et du Sri Lanka (21,3 milliards de dollars). Les dépenses ménagères par habitant aux Maldives étaient supérieures à celles du Sri Lanka (1 092,8 de dollars) et de l'Inde (424,8 de dollars). La croissance des dépenses ménagères aux Maldives était supérieure à celle

Chapitre XIII. Dépenses ménagères

de l'Inde (5,2%) et du Sri Lanka (4,6%).

Comparaison avec les leaders. Les dépenses ménagères des Maldives étaient inférieures à celles des États-Unis (8,5 billions de dollars), du Japon (2,6 billions de dollars), de l'Allemagne (1,5 billions de dollars), du Royaume-Uni (1,5 billions de dollars) et de la France (1,1 billions de dollars). Les dépenses ménagères par habitant aux Maldives étaient inférieures à celles des États-Unis (28 799,1 de dollars), du Royaume-Uni (24 959,3 de dollars), du Japon (20 355,9 de dollars), de l'Allemagne (18 912,2 de dollars) et de la France (18 146,8 de dollars). La croissance des dépenses ménagères aux Maldives était supérieure à celle des États-Unis (2,4%), du Royaume-Uni (2,1%), de la France (2,0%), du Japon (0,81%) et de l'Allemagne (0,46%).

Les années 2010

Les dépenses ménagères des Maldives étaient de 1,7 milliards de dollars par an dans les années 2010, se situant au 172ème rang mondial. La part dans le monde était de 0,0037% et de 0,013% en Asie.

La part des dépenses ménagères dans le PIB des Maldives était de 42,0% dans les années 2010, au 186ème rang mondial, à égalité avec la Norvège (42,3%).

Les dépenses ménagères par habitant aux Maldives étaient de 3705.4 dollars dans les années 2010, au 107ème rang mondial, à égalité avec le Botswana (3 690,8 de dollars), la Macédoine du Nord (3 652,9 de dollars), l'Afrique australe (3 778,8 de dollars). Les dépenses ménagères par habitant aux Maldives étaient 38,4% inférieures les dépenses ménagères par habitant au Monde (6 018,5 US$), et 24,5% supérieures les dépenses ménagères par habitant en Asie (2 977,2 US$).

La croissance des dépenses ménagères aux Maldives était de 9.5% dans les années 2010, au 5ème rang mondial, à égalité avec la Mongolie (9,4%). La croissance des dépenses ménagères aux Maldives (9,5%) a été supérieure à celle du monde (2,8%), et supérieure à celle de l'Asie (4,9%).

Comparaison avec les voisins. Les dépenses ménagères des Maldives étaient 778,0 fois inférieures à celles de l'Inde (1,3 billions de dollars) et 31,6 fois inférieures à celles du Sri Lanka (52,3 milliards de dollars). Les dépenses ménagères par habitant aux Maldives étaient 47,5% supérieures à celles du Sri Lanka (2 512,7 de dollars) et 3,7 fois supérieures à celles de l'Inde (989,3 de dollars). La croissance des dépenses ménagères aux Maldives était supérieure à celle de l'Inde (6,8%) et du Sri Lanka (5,7%).

Comparaison avec les leaders. Les dépenses ménagères des Maldives étaient 7 364,9 fois inférieures à celles des États-Unis (12,2 billions de dollars), 2 373,7 fois inférieures à celles de la Chine (3,9 billions de dollars), 1 804,6 fois inférieures à celles du Japon (3,0 billions de dollars), 1 183,0 fois inférieures à celles de l'Allemagne (2,0 billions de dollars) et 1 076,4 fois inférieures à celles du Royaume-Uni (1,8 billions de dollars). Les dépenses ménagères par habitant aux Maldives étaient 32,2% supérieures à celles de la Chine (2 801,9 de dollars); mais 10,3 fois inférieures à celles des États-Unis (38 161,2 de dollars), 7,3 fois inférieures à celles du Royaume-Uni (27 164,8 de dollars), 6,5 fois inférieures à celles de l'Allemagne (23 925,0 de dollars) et 6,3 fois inférieures à celles du Japon (23 352,2 de dollars). La croissance des dépenses ménagères aux Maldives était supérieure à celle de la Chine (8,3%), des États-Unis (2,4%), du Royaume-Uni (1,8%), de l'Allemagne (1,4%) et du Japon (0,64%).

Chapitre XIV. Consommation de nourriture

Au cours de la période de recherche, la consommation alimentaire des produits suivants a augmenté: viande (de 6,1 fois), épices (de 4,9 fois), fruits (de 2,5 fois), poisson (de 95,6%), noix (de 81,6%), sucre (de 22,5%), céréales (de 10,9%), mais diminué pour les produits suivants: légumes (de 22,2%), huiles végétales (de 30,9%), racines riches (de 68,9%), légumineuses (de 2,3 fois).

Voici les coefficients de corrélation entre le RNB par habitant à prix constants et la consommation alimentaire: épices (0.998), viande (0.991), fruits (0.986), noix (0.972), poisson (0.956), sucre (0.395), céréales (-0.151), légumes (-0.208), huiles végétales (-0.351), légumineuses (-0.769), racines riches (-0.931).

Les années 1970

La consommation de kcal aux Maldives était de 1 866,7 kcal/jour par habitant dans les années 1970, se situant au 136ème rang mondial à égalité avec d'Antigua-et-Barbuda (1 877,8 kcal/jour par habitant), le Mozambique (1 849,7 kcal/jour par habitant). La consommation de kcal aux Maldives était inférieur à celui dans le monde (2 403,2 kcal/jour par habitant), et était inférieur à celui en Asie (2 080,9 kcal/jour par habitant). La consommation de kcal avait la structure suivante: céréales (46.7%), sucre (14.6%), poisson (10.5%), huiles végétales (6.1%), racines riches (5.4%), et d'autres (16.7%).

La consommation de protéines aux Maldives était de 65,6 g/jour par habitant dans les années 1970, se situant au 63ème rang mondial à égalité avec l'Amérique centrale (65,9 g/jour par habitant), la Namibie (66,1 g/jour par habitant), les Kiribati (65,1 g/jour par habitant). La consommation de protéines aux Maldives était supérieur à celui dans le monde (65,0 g/jour par habitant), et était supérieur à celui en Asie (52,3 g/jour par habitant). La consommation de protéines avait la structure suivante: poisson (45.9%), céréales (31.1%), légumineuses (6.4%), légumes (6%), viande (2.9%), et d'autres (7.7%).

La consommation de graisse aux Maldives était de 32,8 g/jour par habitant dans les années 1970, au 128ème rang mondial à égalité avec le Niger (33,0 g/jour par habitant). La consommation de graisse aux Maldives était inférieur à celui dans le monde (55,1 g/jour par habitant), et était supérieur à celui en Asie (31,8 g/jour par habitant). La consommation de graisse avait la structure suivante: huiles végétales (39.4%), poisson (22.9%), noix (8.9%), céréales (7.4%), viande (2.1%), et d'autres (19.3%).

Voici les niveaux de consommation alimentaire dans le classement mondial: 1er - poisson (96,7 kg/habitant/an), 2ème - noix (7,7 kg/habitant/an), 26ème - légumes (102,4 kg/habitant/an), 31ème - épices (0,80 kg/habitant/an), 42ème - légumineuses (7,3 kg/habitant/an), 79ème - sucre (28,0 kg/habitant/an), 82ème - fruits (51,4 kg/habitant/an), 83ème - racines riches (40,9 kg/habitant/an), 84ème - céréales (116,8 kg/habitant/an), 99ème - huiles végétales (4,7 kg/habitant/an), 144ème - viande (4,2 kg/habitant/an).

Les années 1980

La consommation de kcal aux Maldives était de 2 312,2 kcal/jour par habitant dans les années 1980, au 91ème rang mondial à égalité avec la Mongolie (2 303,7 kcal/jour par habitant), le Lesotho (2 300,9 kcal/jour par habitant), l'Équateur (2 295,9 kcal/jour par habitant). La consommation de kcal aux Maldives était inférieur à celui dans le monde (2 572,3 kcal/jour par habitant), et était inférieur à celui en Asie (2 333,4 kcal/jour par habitant). La consommation de kcal avait la structure suivante: céréales (51.2%), sucre (13.3%), poisson (11%), huiles végétales (5.4%), racines riches (4%), et d'autres (15.1%).

La consommation de protéines aux Maldives était de 82,6 g/jour par habitant dans les années 1980, se classant au 39ème rang mondial à égalité avec la Tunisie (82,5 g/jour par habitant), l'Irak (82,7 g/jour par habitant), la Corée du Sud (82,3 g/jour par habitant). La consommation de protéines aux Maldives était supérieur à celui dans le monde (69,1 g/jour par habitant), et était supérieur à celui en Asie (58,8 g/jour par habitant). La consommation de protéines avait la structure suivante: poisson (46.6%), céréales (32.6%), légumineuses (6.3%), légumes (4.4%), viande (2.5%), et d'autres (7.6%).

La consommation de graisse aux Maldives était de 39,2 g/jour par habitant dans les années 1980, au 121ème rang mondial à égalité avec le Nicaragua (39,0 g/jour par habitant). La consommation de graisse aux Maldives était inférieur à celui dans le monde (63,2 g/jour par habitant), et était inférieur à celui en Asie (42,6 g/jour par habitant). La consommation de graisse avait la structure suivante: huiles végétales (35.8%), poisson (25.5%), céréales (8.6%), noix (8.6%), lait (4.4%), et d'autres (17.1%).

Voici les niveaux de consommation alimentaire dans le classement mondial: 1er - poisson (119,9 kg/habitant/an), 2ème - noix (8,8 kg/habitant/an), 28ème - légumineuses (9,0 kg/habitant/an), 31ème - épices (0,86 kg/habitant/an), 32ème - légumes (94,7

Chapitre XIV. Consommation de nourriture

kg/habitant/an), 38ème - céréales (151,6 kg/habitant/an), 71ème - sucre (31,5 kg/habitant/an), 80ème - œufs (4,0 kg/habitant/an), 85ème - racines riches (38,3 kg/habitant/an), 100ème - fruits (47,3 kg/habitant/an), 104ème - stimulants (0,92 kg/habitant/an), 111ème - huiles végétales (5,1 kg/habitant/an), 119ème - lait (18,0 kg/habitant/an), 121ème - alcool (5,3 kg/habitant/an), 144ème - viande (4,7 kg/habitant/an).

Les années 1990

La consommation de kcal aux Maldives était de 2 410,8 kcal/jour par habitant dans les années 1990, au 98ème rang mondial à égalité avec d'Oman (2 409,4 kcal/jour par habitant), la Grenade (2 408,0 kcal/jour par habitant), l'Afrique de l'Ouest (2 402,0 kcal/jour par habitant). La consommation de kcal aux Maldives était inférieur à celui dans le monde (2 652,6 kcal/jour par habitant), et était inférieur à celui en Asie (2 494,1 kcal/jour par habitant). La consommation de kcal avait la structure suivante: céréales (43.5%), sucre (16.7%), poisson (12.3%), huiles végétales (6.5%), racines riches (3.2%), et d'autres (17.8%).

La consommation de protéines aux Maldives était de 87,9 g/jour par habitant dans les années 1990, se situant au 42ème rang mondial à égalité avec l'Albanie (87,9 g/jour par habitant), la Bulgarie (87,8 g/jour par habitant), le Liban (87,7 g/jour par habitant). La consommation de protéines aux Maldives était supérieur à celui dans le monde (72,1 g/jour par habitant), et était supérieur à celui en Asie (65,3 g/jour par habitant). La consommation de protéines avait la structure suivante: poisson (52.1%), céréales (26.2%), lait (4.9%), viande (4.6%), légumineuses (2.6%), et d'autres (9.6%).

La consommation de graisse aux Maldives était de 50,7 g/jour par habitant dans les années 1990, au 118ème rang mondial à égalité avec le Gabon (50,9 g/jour par habitant), le Salvador (51,1 g/jour par habitant). La consommation de graisse aux Maldives était inférieur à celui dans le monde (69,0 g/jour par habitant), et était inférieur à celui en Asie (54,3 g/jour par habitant). La consommation de graisse avait la structure suivante: huiles végétales (35.1%), poisson (22.2%), céréales (7.3%), lait (7.1%), noix (5.5%), et d'autres (22.8%).

Voici les niveaux de consommation alimentaire dans le classement mondial: 1er - poisson (148,4 kg/habitant/an), 3ème - noix (8,8 kg/habitant/an), 21ème - épices (1,7 kg/habitant/an), 44ème - sucre (40,0 kg/habitant/an), 79ème - œufs (5,1 kg/habitant/an), 80ème - stimulants (2,0 kg/habitant/an), 93ème - fruits (60,2 kg/habitant/an), 94ème - légumineuses (3,9 kg/habitant/an), 109ème - racines riches (33,9 kg/habitant/an), 112ème - huiles végétales (6,5 kg/habitant/an), 114ème - lait (46,6 kg/habitant/an), 133ème - alcool (6,6 kg/habitant/an), 149ème - viande (10,3 kg/habitant/an).

Les années 2000

La consommation de kcal aux Maldives était de 2 474,6 kcal/jour par habitant dans les années 2000, se classant au 115ème rang mondial à égalité avec les Philippines (2 474,4 kcal/jour par habitant), Sao Tomé-et-Principe (2 477,4 kcal/jour par habitant), Saint-Christophe-et-Niévès (2 478,8 kcal/jour par habitant). La consommation de kcal aux Maldives était inférieur à celui dans le monde (2 765,9 kcal/jour par habitant), et était inférieur à celui en Asie (2 619,0 kcal/jour par habitant). La consommation de kcal avait la structure suivante: céréales (40.1%), sucre (13.8%), poisson (12.3%), huiles végétales (6.2%), lait (5.9%), et d'autres (21.7%).

La consommation de protéines aux Maldives était de 94,8 g/jour par habitant dans les années 2000, se classant au 36ème rang mondial à égalité avec la Tchéquie (94,1 g/jour par habitant). La consommation de protéines aux Maldives était supérieur à celui dans le monde (76,5 g/jour par habitant), et était supérieur à celui en Asie (70,9 g/jour par habitant). La consommation de protéines avait la structure suivante: poisson (49.7%), céréales (22.7%), viande (7.2%), lait (7%), œufs (2.8%), et d'autres (10.6%).

La consommation de graisse aux Maldives était de 60,0 g/jour par habitant dans les années 2000, se classant au 114ème rang mondial à égalité avec la Géorgie (60,5 g/jour par habitant). La consommation de graisse aux Maldives était inférieur à celui dans le monde (76,9 g/jour par habitant), et était inférieur à celui en Asie (64,4 g/jour par habitant). La consommation de graisse avait la structure suivante: huiles végétales (29.1%), poisson (19.3%), lait (10.1%), viande (7.3%), céréales (6.9%), et d'autres (27.3%).

Voici les niveaux de consommation alimentaire dans le classement mondial: 1er - poisson (153,4 kg/habitant/an), 3ème - noix (10,4 kg/habitant/an), 16ème - épices (2,6 kg/habitant/an), 43ème - stimulants (5,8 kg/habitant/an), 52ème - œufs (9,1 kg/habitant/an), 68ème - fruits (87,2 kg/habitant/an), 73ème - sucre (35,1 kg/habitant/an), 88ème - légumes (68,6 kg/habitant/an), 101ème - lait (71,9 kg/habitant/an), 103ème - céréales (119,9 kg/habitant/an), 117ème - légumineuses (2,5 kg/habitant/an), 132ème - viande (18,6 kg/habitant/an), 134ème - huiles végétales (6,4 kg/habitant/an), 135ème - alcool (7,6 kg/habitant/an), 136ème - racines riches (24,7 kg/habitant/an).

Les années 2010

La consommation de kcal aux Maldives était de 2 728,0 kcal/jour par habitant dans les années 2010, au 97ème rang mondial à égalité avec l'Indonésie (2 727,5 kcal/jour par habitant), la Colombie (2 729,3 kcal/jour par habitant), la Serbie (2 725,8 kcal/jour par habitant). La consommation de kcal aux Maldives était inférieur à celui dans le monde (2 869,3 kcal/jour par habitant), et était inférieur à celui en Asie (2 759,8 kcal/jour par habitant). La consommation de kcal avait la structure suivante: céréales (39.3%), poisson (14.8%), sucre (12.2%), lait (6.9%), fruits (3.8%), et d'autres (23%).

La consommation de protéines aux Maldives était de 117,4 g/jour par habitant dans les années 2010, au 5ème rang mondial. La consommation de protéines aux Maldives était supérieur à celui dans le monde (80,6 g/jour par habitant), et était supérieur à celui en Asie (76,7 g/jour par habitant). La consommation de protéines avait la structure suivante: poisson (51.6%), céréales (19.8%), viande (8%), lait (7.4%), œufs (2.6%), et d'autres (10.6%).

La consommation de graisse aux Maldives était de 63,8 g/jour par habitant dans les années 2010, au 117ème rang mondial à égalité avec la République centrafricaine (64,0 g/jour par habitant), l'Égypte (63,5 g/jour par habitant). La consommation de graisse aux Maldives était inférieur à celui dans le monde (82,4 g/jour par habitant), et était inférieur à celui en Asie (72,1 g/jour par habitant). La consommation de graisse avait la structure suivante: poisson (25.4%), huiles végétales (15.4%), lait (11.7%), viande (9.8%), noix (8.8%), et d'autres (28.9%).

Voici les niveaux de consommation alimentaire dans le classement mondial: 1er - poisson (189,0 kg/habitant/an), 2ème - noix (14,0 kg/habitant/an), 11ème - épices (3,9 kg/habitant/an), 16ème - stimulants (9,7 kg/habitant/an), 29ème - fruits (126,6 kg/habitant/an), 41ème - œufs (10,6 kg/habitant/an), 72ème - légumes (83,7 kg/habitant/an), 77ème - sucre (34,3 kg/habitant/an), 86ème - lait (96,2 kg/habitant/an), 94ème - céréales (129,6 kg/habitant/an), 108ème - légumineuses (3,2 kg/habitant/an), 124ème - viande (25,6 kg/habitant/an), 136ème - alcool (8,7 kg/habitant/an), 143ème - racines riches (24,2 kg/habitant/an), 160ème - huiles végétales (3,6 kg/habitant/an).

Partie V. Reproduction

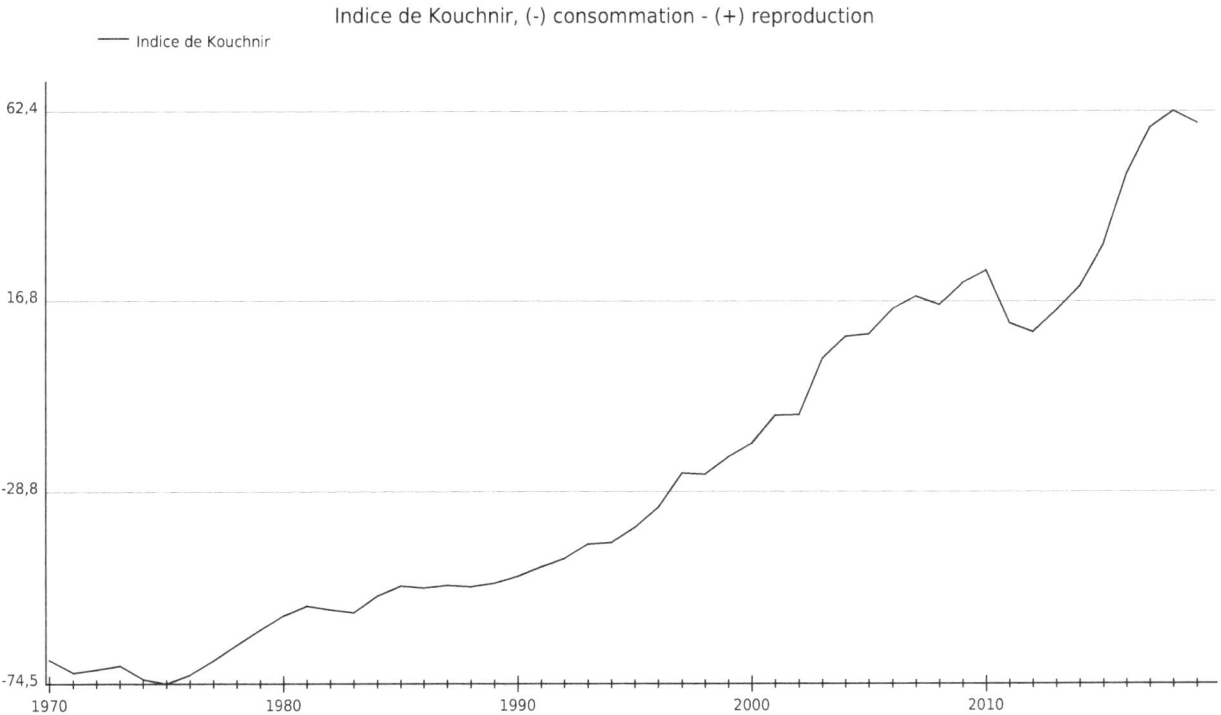

Chapitre XV. Formation de capital fixe

Formation brute de capital fixe

La formation de capital des Maldives est passé de 9,4 millions de dollars par an dans les années 1970 à 1,4 milliards de dollars par an dans les années 2010, c'est-à-dire 1,4 milliards de dollars ou de 146,4 fois. La variation a été de 205,6 millions de dollars en raison de l'augmentation de 1,2 fois des prix, et de 1,1 milliards de dollars en raison de la croissance du taux par habitant de 37,4 fois, et de 21,9 millions de dollars en raison de la croissance démographique. La croissance annuelle moyenne de la formation brute de capital fixe était de 11,6%. La valeur minimale était de 6,8 millions de dollars en 1970. La valeur maximale était de 2,5 milliards de dollars en 2018.

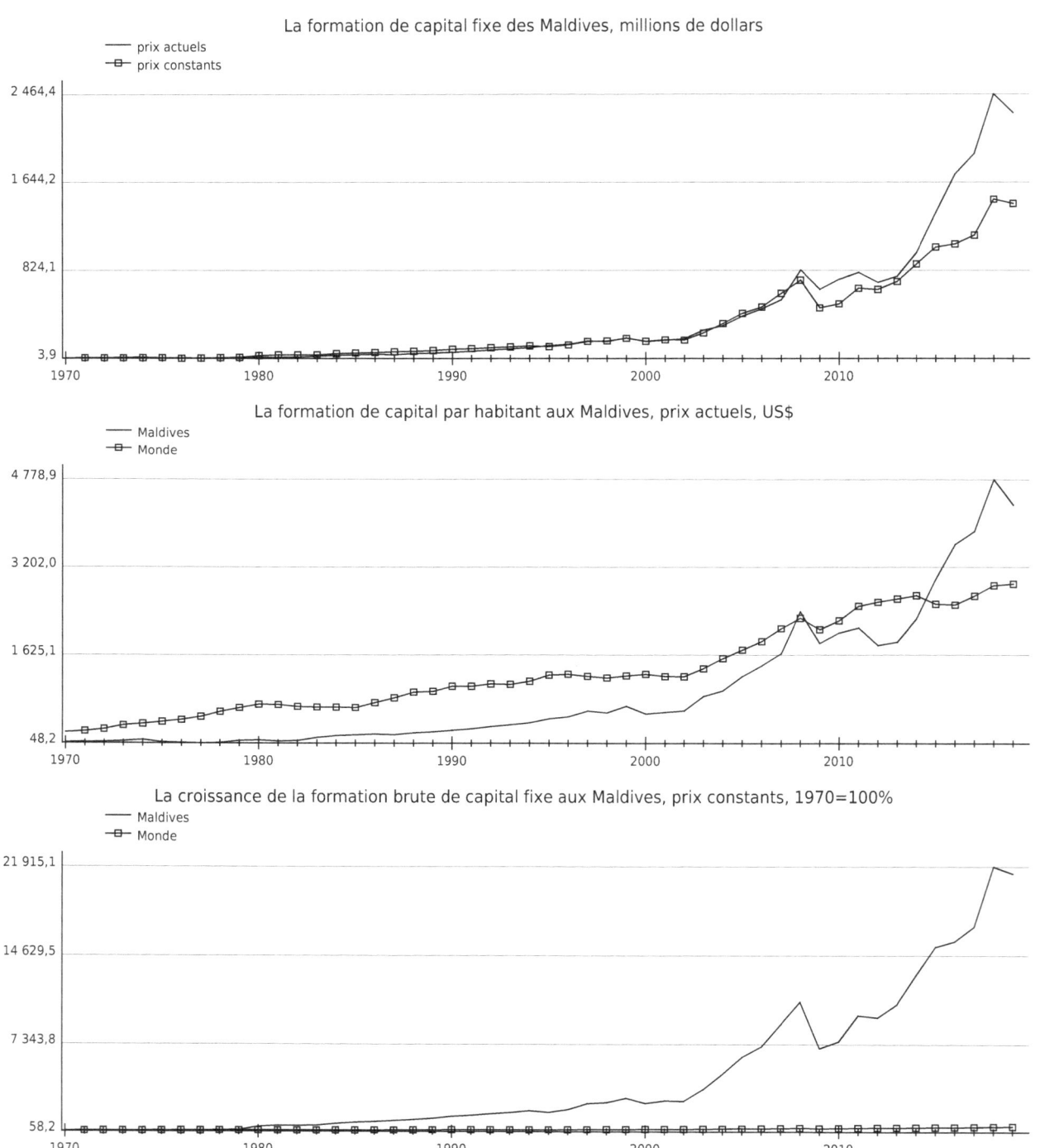

Chapitre XV. Formation de capital fixe

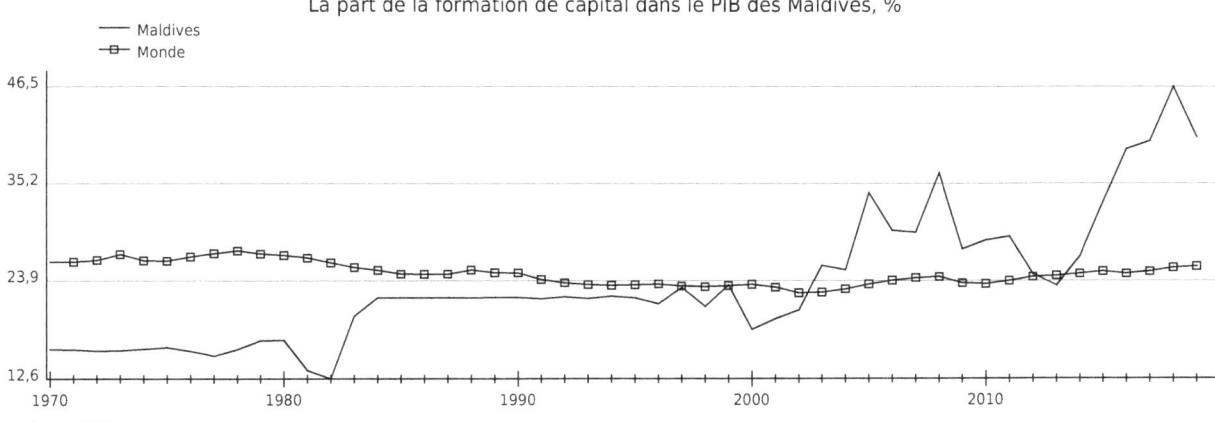

Les années 1970

La formation de capital fixe des Maldives était de 9,4 millions de dollars par an dans les années 1970, se situant au 168ème rang mondial à égalité avec Saint-Vincent-et-les-Grenadines (9,4 millions de dollars). La part dans le monde était de 0,0005% et de 0,0027% en Asie.

La part de la formation de capital dans le PIB des Maldives était de 16,1% dans les années 1970, se situant au 145ème rang mondial, à égalité avec la Jamaïque (16,1%).

La formation de capital fixe par habitant aux Maldives était de 70 dollars dans les années 1970, se classant au 142ème rang mondial, à égalité avec Djibouti (70,7 de dollars), le Mozambique (69,1 de dollars). La formation de capital fixe par habitant aux Maldives était 6,2 fois inférieure la formation de capital fixe par habitant au Monde (433,5 US$), et 2,2 fois inférieure la formation de capital par habitant en Asie (151,1 US$).

La croissance de la formation de capital aux Maldives était de 7.1% dans les années 1970, se classant au 76ème rang mondial, à égalité avec l'Afrique (7,1%), l'Irlande (7,1%). La croissance de la formation brute de capital fixe aux Maldives (7,1%) a été supérieure à celle du monde (4,2%), et supérieure à celle de l'Asie (6,2%).

Comparaison avec les voisins. La formation de capital des Maldives était inférieure à celle de l'Inde (18,0 milliards de dollars) et du Sri Lanka (547,8 millions de dollars). La formation de capital fixe par habitant aux Maldives était supérieure à celle du Sri Lanka (40,2 de dollars) et de l'Inde (29,2 de dollars). La croissance de la formation brute de capital fixe aux Maldives était supérieure à celle de l'Inde (4,7%); mais inférieure à celle du Sri Lanka (7,5%).

Comparaison avec les leaders. La formation de capital fixe des Maldives était inférieure à celle des États-Unis (381,9 milliards de dollars), de l'URSS (214,6 milliards de dollars), du Japon (191,6 milliards de dollars), de l'Allemagne (125,8 milliards de dollars) et de la France (82,9 milliards de dollars). La formation de capital fixe par habitant aux Maldives était inférieure à celle des États-Unis (1 750,0 de dollars), du Japon (1 720,7 de dollars), de l'Allemagne (1 597,2 de dollars), de la France (1 545,4 de dollars) et de l'URSS (850,9 de dollars). La croissance de la formation de capital aux Maldives était supérieure à celle des États-Unis (4,4%), du Japon (3,9%), de l'URSS (3,2%), de la France (2,7%) et de l'Allemagne (1,5%).

Les années 1980

La formation de capital des Maldives était de 32,4 millions de dollars par an dans les années 1980, se situant au 167ème rang mondial à égalité avec Saint-Vincent-et-les-Grenadines (32,4 millions de dollars). La part dans le monde était de 0,0008% et de 0,0033% en Asie.

La part de la formation de capital dans le PIB des Maldives était de 20,3% dans les années 1980, se classant au 117ème rang mondial, à égalité avec Sainte-Lucie (20,2%), l'Amérique centrale (20,2%), les Bahamas (20,3%).

La formation de capital par habitant aux Maldives était de 173.7 dollars dans les années 1980, se situant au 127ème rang mondial, à égalité avec le Honduras (171,8 de dollars), les Philippines (176,2 de dollars). La formation de capital par habitant aux Maldives était 4,6 fois inférieure la formation de capital fixe par habitant au Monde (790,9 US$), et 2,0 fois inférieure la formation de capital par habitant en Asie (349,2 US$).

La croissance de la formation brute de capital fixe aux Maldives était de 20.1% dans les années 1980, se situant au 1er rang mondial.

La croissance de la formation brute de capital fixe aux Maldives (20,1%) a été supérieure à celle du monde (2,5%), et supérieure à celle de l'Asie (4,8%).

Comparaison avec les voisins. La formation de capital fixe des Maldives était inférieure à celle de l'Inde (53,5 milliards de dollars) et du Sri Lanka (1,5 milliards de dollars). La formation de capital par habitant aux Maldives était supérieure à celle du Sri Lanka (91,0 de dollars) et de l'Inde (68,9 de dollars). La croissance de la formation brute de capital fixe aux Maldives était supérieure à celle de l'Inde (5,4%) et du Sri Lanka (0,51%).

Comparaison avec les leaders. La formation de capital fixe des Maldives était inférieure à celle des États-Unis (958,4 milliards de dollars), du Japon (571,7 milliards de dollars), de l'URSS (271,0 milliards de dollars), de l'Allemagne (238,1 milliards de dollars) et de la France (164,3 milliards de dollars). La formation de capital fixe par habitant aux Maldives était inférieure à celle du Japon (4 713,7 de dollars), des États-Unis (4 002,1 de dollars), de l'Allemagne (3 052,1 de dollars), de la France (2 907,7 de dollars) et de l'URSS (984,8 de dollars). La croissance de la formation brute de capital fixe aux Maldives était supérieure à celle du Japon (4,8%), des États-Unis (3,1%), de la France (2,4%), de l'URSS (1,7%) et de l'Allemagne (1,4%).

Les années 1990

La formation de capital fixe des Maldives était de 119,1 millions de dollars par an dans les années 1990, au 183ème rang mondial à égalité avec le Timor oriental (120,9 millions de dollars). La part dans le monde était de 0,0018% et de 0,0052% en Asie.

La part de la formation brute de capital fixe dans le PIB des Maldives était de 22,1% dans les années 1990, au 102ème rang mondial, à égalité avec le Mali (22,1%), le Luxembourg (22,1%), le Sri Lanka (22,2%).

La formation de capital par habitant aux Maldives était de 476.7 dollars dans les années 1990, se situant au 101ème rang mondial, à égalité avec le Cap-Vert (469,0 de dollars). La formation de capital par habitant aux Maldives était 2,5 fois inférieure la formation de capital par habitant au Monde (1 183,8 US$), et 27,9% inférieure la formation de capital par habitant en Asie (661,5 US$).

La croissance de la formation de capital aux Maldives était de 9.4% dans les années 1990, au 18ème rang mondial. La croissance de la formation brute de capital fixe aux Maldives (9,4%) a été supérieure à celle du monde (2,8%), et supérieure à celle de l'Asie (4,3%).

Comparaison avec les voisins. La formation de capital des Maldives était inférieure à celle de l'Inde (91,4 milliards de dollars) et du Sri Lanka (3,2 milliards de dollars). La formation de capital par habitant aux Maldives était supérieure à celle du Sri Lanka (176,5 de dollars) et de l'Inde (95,7 de dollars). La croissance de la formation de capital aux Maldives était supérieure à celle de l'Inde (7,9%) et du Sri Lanka (6,0%).

Comparaison avec les leaders. La formation de capital fixe des Maldives était inférieure à celle des États-Unis (1,6 billions de dollars), du Japon (1,3 billions de dollars), de l'Allemagne (520,7 milliards de dollars), de la France (299,3 milliards de dollars) et du Royaume-Uni (250,0 milliards de dollars). La formation de capital fixe par habitant aux Maldives était inférieure à celle du Japon (10 425,9 de dollars), de l'Allemagne (6 456,6 de dollars), des États-Unis (6 067,2 de dollars), de la France (5 039,5 de dollars) et du Royaume-Uni (4 319,1 de dollars). La croissance de la formation brute de capital fixe aux Maldives était supérieure à celle des États-Unis (4,8%), de l'Allemagne (2,4%), du Royaume-Uni (1,7%), de la France (1,5%) et du Japon (0,18%).

Les années 2000

La formation de capital des Maldives était de 399,3 millions de dollars par an dans les années 2000, au 170ème rang mondial à égalité avec le Bhoutan (398,0 millions de dollars), le Togo (392,7 millions de dollars). La part dans le monde était de 0,0036% et de 0,011% en Asie.

La part de la formation brute de capital fixe dans le PIB des Maldives était de 28,1% dans les années 2000, au 45ème rang mondial, à égalité avec d'Haïti (28,2%), le Botswana (28,3%), le Turkménistan (28,3%).

La formation de capital par habitant aux Maldives était de 1266.6 dollars dans les années 2000, se situant au 87ème rang mondial, à égalité avec la Malaisie (1 274,9 de dollars), Maurice (1 276,3 de dollars), l'Est (1 281,6 de dollars). La formation de capital fixe par habitant aux Maldives était 25,1% inférieure la formation de capital par habitant au Monde (1 690,7 US$), et 39,9% supérieure la formation de capital par habitant en Asie (905,5 US$).

La croissance de la formation brute de capital fixe aux Maldives était de 9.5% dans les années 2000, se classant au 47ème rang mondial, à égalité avec l'Afghanistan (9,5%), l'Inde (9,5%). La croissance de la formation de capital aux Maldives (9,5%) a été supérieure à celle du monde (3,5%), et supérieure à celle de l'Asie (6,8%).

Chapitre XV. Formation de capital fixe

Comparaison avec les voisins. La formation de capital des Maldives était inférieure à celle de l'Inde (279,8 milliards de dollars) et du Sri Lanka (6,3 milliards de dollars). La formation de capital fixe par habitant aux Maldives était supérieure à celle du Sri Lanka (325,5 de dollars) et de l'Inde (245,8 de dollars). La croissance de la formation de capital aux Maldives était supérieure à celle de l'Inde (9,5%) et du Sri Lanka (6,7%).

Comparaison avec les leaders. La formation de capital des Maldives était inférieure à celle des États-Unis (2,8 billions de dollars), du Japon (1,2 billions de dollars), de la Chine (1,0 billions de dollars), de l'Allemagne (557,7 milliards de dollars) et de la France (463,9 milliards de dollars). La formation de capital fixe par habitant aux Maldives était supérieure à celle de la Chine (782,2 de dollars); mais inférieure à celle des États-Unis (9 376,4 de dollars), du Japon (8 981,8 de dollars), de la France (7 386,7 de dollars) et de l'Allemagne (6 851,1 de dollars). La croissance de la formation de capital aux Maldives était supérieure à celle de la France (1,6%), des États-Unis (0,43%), de l'Allemagne (-0,56%) et du Japon (-2,0%); mais inférieure à celle de la Chine (13,4%).

Les années 2010

La formation de capital fixe des Maldives était de 1,4 milliards de dollars par an dans les années 2010, au 155ème rang mondial à égalité avec la Polynésie (1,4 milliards de dollars). La part dans le monde était de 0,0072% et de 0,016% en Asie.

La part de la formation brute de capital fixe dans le PIB des Maldives était de 34,9% dans les années 2010, se classant au 18ème rang mondial, à égalité avec l'Est (35,2%).

La formation de capital fixe par habitant aux Maldives était de 3079.4 dollars dans les années 2010, se situant au 71ème rang mondial, à égalité avec la Turquie (3 077,4 de dollars), Porto Rico (3 115,0 de dollars), la Lituanie (3 020,8 de dollars). La formation de capital par habitant aux Maldives était 17,5% supérieure la formation de capital par habitant au Monde (2 621,1 US$), et 53,4% supérieure la formation de capital fixe par habitant en Asie (2 007,4 US$).

La croissance de la formation brute de capital fixe aux Maldives était de 11.7% dans les années 2010, se classant au 6ème rang mondial, à égalité avec le Burkina Faso (11,7%), le Bénin (11,7%). La croissance de la formation de capital aux Maldives (11,7%) a été supérieure à celle du monde (4,1%), et supérieure à celle de l'Asie (6,0%).

Comparaison avec les voisins. La formation de capital des Maldives était 506,4 fois inférieure à celle de l'Inde (696,8 milliards de dollars) et 15,4 fois inférieure à celle du Sri Lanka (21,1 milliards de dollars). La formation de capital fixe par habitant aux Maldives était 3,0 fois supérieure à celle du Sri Lanka (1 015,0 de dollars) et 5,8 fois supérieure à celle de l'Inde (535,2 de dollars). La croissance de la formation de capital aux Maldives était supérieure à celle du Sri Lanka (6,5%) et de l'Inde (5,8%).

Comparaison avec les leaders. La formation de capital fixe des Maldives était 3 287,4 fois inférieure à celle de la Chine (4,5 billions de dollars), 2 616,0 fois inférieure à celle des États-Unis (3,6 billions de dollars), 879,7 fois inférieure à celle du Japon (1,2 billions de dollars), 547,0 fois inférieure à celle de l'Allemagne (752,5 milliards de dollars) et 506,4 fois inférieure à celle de l'Inde (696,8 milliards de dollars). La formation de capital fixe par habitant aux Maldives était 5,8 fois supérieure à celle de l'Inde (535,2 de dollars); mais 3,7 fois inférieure à celle des États-Unis (11 264,9 de dollars), 3,1 fois inférieure à celle du Japon (9 460,2 de dollars), 3,0 fois inférieure à celle de l'Allemagne (9 192,9 de dollars) et 4,5% inférieure à celle de la Chine (3 224,9 de dollars). La croissance de la formation brute de capital fixe aux Maldives était supérieure à celle de la Chine (8,0%), de l'Inde (5,8%), des États-Unis (3,8%), de l'Allemagne (2,8%) et du Japon (1,8%).

www.ingramcontent.com/pod-product-compliance
Lightning Source LLC
Chambersburg PA
CBHW080524220526
45465CB00006B/2589